牟宗三先生全集

總敘

目　次

壹　編印緣起 …………………………………………… 1

貳　編校說明 …………………………………………… 3

叁　類編綜述 …………………………………………… 7

肆　餘言 …………………………………………………41

壹　編印緣起

　　民國84年（1995）4月12日，牟宗三先生在台北市台大醫院逝世。當晚，同門友假鵝湖講堂召開治喪籌備會，商討治喪諸事宜。次日，設靈堂於鵝湖講堂。下午，聯合報系創辦人王惕吾先生偕同經濟日報社長劉國瑞先生來靈堂行禮，表示聯合報系文化基金會願爲牟先生出版《全集》，荷承慷慨，同門友深爲感激。乃先與臺灣學生書局相商，丁文治董事長表示，牟先生之著作，絕大部分皆由學生書局出版，如以原版式合印各書爲《全集》，則書局願負其責，如須重新排版，則書局限於財力，願將此事讓與聯合報系文化基金會以成其美。唯各書之個別印售仍屬原出版者之權益，故《全集》限整套行銷，不得分冊零售。此意聯合報系基金會認爲合理，遂與《全集》編輯委員會簽訂合約，進行編印計畫。

　　85年（1996）之主要工作，一是蒐集散篇之論著。二是匯集尚未輯印成書之講錄（主要是在香港新亞研究所與台灣大學、台灣師範大學先後講學之錄音）以便整理出版。三是組成《全集》編輯委員會，正式進行編校事宜。

　　4月12日爲先生逝世周年之辰，同門友在台北召開《全集》編印籌備會議。經推定戴璉璋爲編輯委員會之召集人，李明輝爲聯絡

人，蔡仁厚、劉述先、王邦雄、袁保新、李瑞全、楊祖漢、林月惠等，爲編輯委員。陳癸淼、唐亦男、周文傑、周群振、朱維煥、陳問梅、黃振華、方穎嫻、曾昭旭、朱建民、岑溢成等，爲編輯顧問。高柏園、黃慶明、謝仲明、鄺錦倫、林安梧、尤惠貞、李淳玲、何淑靜、莊耀郎、黃漢光、盧雪崑、林日盛、謝大寧、王財貴、周博裕、顏國明、陳德和、邱黃海、金貞姬、江日新、高瑋謙、范良光、黎漢基、彭文本、周大興、孫中曾、司徒港生等，爲執行編輯。《全集》之總敘，由蔡仁厚執筆，經編輯委員會修訂後定稿。

貳　編校說明

　　民國86年（1997）年3月1日，在中央研究院中國文哲研究所召開《全集》第一次編輯會議，確定《全集》之內容，編校之原則與體例，以及經費預算等。會中有三項宣佈：第一、《全集》之編校工作，已獲得聯合報系文化基金會之資助，得以開始進行。第二、《全集》編委會已獲得中央研究院中國文哲研究所之同意，假該所成立資料中心，同時聘用臨時助理一人，處理有關《全集》之資料搜整與行政事務。第三、牟先生所著各書，皆已徵得原出版者以及牟夫人之授權，應允編入《全集》。唯《生命的學問》一書，因三民書局以該書版權已經賣斷爲由，拒絕授權收入《全集》，故該書只能以「存目、闕文」之方式處理。

　　關於《全集》之校訂編印事宜，有兩點說明：
　　第一、《全集》一律橫排，採用中式標點。
　　第二、各冊執行編輯之工作有四：
　　　　　　(1)校勘本文　　(2)核對引文
　　　　　　(3)統一體例　　(4)撰寫〈編校說明〉

《全集》各冊之「執行編輯」，名單如下：

第一輯　中國傳統哲學

　　1.《周易的自然哲學與道德函義》　岑溢成、楊祖漢

　　2.《名家與荀子》　顏國明

　　3.《才性與玄理》　莊耀郎

　　4.《佛性與般若》　尤惠貞

　　5.《心體與性體》　蔡仁厚、林月惠

　　6.《從陸象山到劉蕺山》　楊祖漢

　　7.《王陽明致良知教》　楊祖漢

　　8.《陸王一系之心性之學》　楊祖漢

　　9.《蕺山全書選錄》　江日新、楊祖漢

第二輯　歷史與文化

　　10.《道德的理想主義》　高柏園

　　11.《歷史哲學》　黃漢光

　　12.《政道與治道》　方穎嫻、司徒港生、何淑靜

第三輯　理則學

　　13.《邏輯典範》　黃慶明

　　14.《理則學》　鄺錦倫

　　15.《理則學簡本》　鄺錦倫

第四輯　西學譯註

16.《康德「純粹理性之批判」》　　邱黃海

17.《康德的道德哲學》　　楊祖漢

18.《康德「判斷力之批判」》　　李淳玲

19.《名理論》　　朱建民

20.《牟宗三先生譯述集》　　李明輝、黎漢基

第五輯　哲學系統之建立

21.《認識心之批判》　　李瑞全

22.《智的直覺與中國哲學》　　謝仲明、何淑靜、孫中曾

23.《現象與物自身》　　金貞姬

24.《圓善論》　　王財貴

第六輯　論著匯編

25.《生命的學問》（存目‧闕文）

26.《時代與感受》　　林日盛

27.《時代與感受續編》　　陳德和、黎漢基

28.《牟宗三先生早期文集》　　李明輝、黎漢基

29.《牟宗三先生晚期文集》　　李明輝、周博裕、黎漢基

30.《牟宗三先生未刊遺稿》　　李明輝

第七輯　講錄

31.《人文講習錄》　　蔡仁厚、高瑋謙

32.《中國哲學的特質》　　高瑋謙

33.《中國哲學十九講》　　林安梧、孫中曾、周大興

34.《中西哲學之會通十四講》　　范良光、彭文本

35.《四因說演講錄》　　盧雪崑、楊祖漢

36.《宋明儒學綜述》　　盧雪崑、楊祖漢

37.《宋明理學演講錄》　　盧雪崑

38.《周易哲學演講錄》　　盧雪崑

第八輯　自傳與附錄

39.《五十自述》　　曾昭旭

40.附錄一：《牟宗三先生學思年譜》　　蔡仁厚、黎漢基

41.附錄二：《國史擬傳》　　蔡仁厚

42.附錄三：《牟宗三先生著作編年目錄》　　李明輝

編校工作，預計用三年時間完成分冊校訂，由執行編輯分別撰寫〈編校說明〉。編輯委員則隨順各冊之校稿及時完成複校程序。出版公司預計一年內完成新版之初校與二、三校。至民國91年（2002），各分冊之執行編輯完成四校，再經編輯委員總校訂後，即可付印出版。

叁　類編綜述

　　古賢全集之類目，不外「語錄、文錄（文、說、序、記）、書錄（論學書信，依年次先後）、詩錄、奏疏、公移、別錄（雜著、銘表、碑贊、祭文）、行狀、年譜、弟子錄、哀思錄」等。因爲古人少有專著，故其全集多爲講學之語錄與論學之書信。近百年來，西學東漸，中土學者受其影響，遂亦致力於學術專著，而語錄則轉爲有系統之講錄，書信論學不再蔚爲風氣。今此《全集》之編輯形式實依著作內容而類編，與古人全集之形式頗爲不同。茲將各輯各冊之義旨，依順序作一綜述，或許於讀者不無裨益。

第一輯　中國傳統哲學

1.《周易的自然哲學與道德函義》

　　先生大學畢業之前，此書即已完稿。書分五部：一爲漢易之整理，二爲晉宋易，三爲胡煦的生成哲學，四爲焦循的易學，五爲律曆數之綜和。

　　此書出版後，北大資深教授林宰平、李證剛、熊十力諸老先生

大為讚賞，青年教授沈有鼎更說是「化腐朽為神奇」。先生自謂，青年時期只是喜悅那「鼓萬物而不與聖人同憂」的坦然明白，與「天地無心而成化」的自然灑脫；而還不能感知「聖人有憂患」的嚴肅義，與「吉凶與民同患」的悱惻心。因為青年涉世未深，於人生之艱難尚無感受，所以只是美感的興趣與智及的覺照。

2.《名家與荀子》（含《荀學大略》）

將名家與荀子連在一起，旨在指述中國文化發展中「重智」的一面，同時並指出先秦時期的名家，通過墨辯而至荀子，乃屬一系相承的邏輯心靈發展。但自後未見繼起之相續，實為可惜。

此書陳述惠施之名理，並據《莊子‧天下》篇「歷物之意」八事，加以詳細之疏解與衡定；又將辯者之徒的怪說二十一事，依「合同異」與「離堅白」之分組而再作精確之考察與分判。公孫龍之名理屬於離堅白，「堅」與「白」乃兩個獨立之概念，各有其獨立性，可以相離而自存自有。書中關於《公孫龍子》各篇之疏解，皆甚精到。

至於荀子之學，歷來鮮有解人。荀子尊名崇數，實具邏輯之心靈，其精神亦是積極建構之精神。此書疏解荀子之學，指出其思路與西方重智系統相接近，此亦正是「疏通文化命脈而期有一大融攝」之一例也。

3.《才性與玄理》（含《魏晉玄學》）

魏晉玄理是徹底的玄學。其前一階段論「才性」，順才性之品鑒可以開出人格上的「美學原理」與「藝術境界」，亦可開出「心

智領域」與「智悟之境界」，但卻開不出「德性領域」與「道德宗教上的境界」。

中國之道統在儒家，科學之統在羲和之官，而哲學之統則當上溯名家、道家，而繼之以魏晉之名理。

魏晉之名理可分為「才性名理」與「玄學名理」。才性名理系的人，大體比較實際、校練，不似後來之虛浮，亦不稱為名士。而玄學名理系的人，則稱為名士。名士所談者，以《易》與《老》、《莊》為主。其言談為清談，其智思為玄智玄思，故其理為玄理，其學為玄學。這一系的人物，比較玄遠而有高致。

此期玄學的主要內容，如王弼玄理之易學、王弼之老學、向秀郭象之注《莊》，阮籍之莊學與樂論、嵇康之名理、裴頠之崇有論，以及自然與名教之衝突等，書中皆有專章之論述。魏晉人有才性之美，而先生此書所顯發的文字之美，亦足賞心悅目。

4.《佛性與般若》

此書以中國哲學史之立場，疏導佛教傳入中國以後之發展，並從義理上審識比對，認為天台圓教可以代表最後之消化。依天台之判教而回看諸經論，乃確然見出其中實有不同的分際與關節。順其判釋的眉目，而了解傳入中國以後的義理發展，將其中既不相同而又互相關聯的關節展示出來，是即此書之旨趣所在。

「般若」與「佛性」二觀念是全書的綱領。般若是共法，行於一切大小乘。所謂「蕩相遣執」，只是一「融通淘汰」的精神。般若能使一切法皆歸實相，但事實上卻無有積極之建立，所以沒有系統相。

系統之不同，繫於佛性與悲願。中國吸收佛教是從般若學開始，另外一面是唯識學。依傳入中土之序，地論師與攝論師可統名曰：前期唯識學；後來玄奘重譯《攝大乘論》，力復原來之舊，是即一般所稱之唯識宗，可名曰：後期唯識學。後期唯識學是阿賴耶系統，前期唯識學則爲如來藏系統。

華嚴宗是承廣義的唯識學中之眞常心系，而建立的「性起」系統。（性起之性，指「如來藏自性清淨心」而說。）天台宗是承般若實相學而進一步，通過「如來藏恆沙佛法佛性」一觀念，依據法華開權顯實，而建立的「性具」系統。（性具之性，是就「一念無明法性心」而說。）另外還有禪宗的「性生」系統。生，是含具義、成就義，生萬法即是含具萬法。故性起、性具、性生，皆不得說爲「本體論的生起論」。

先生自早歲即薰習佛法，但六十歲以前，從未撰文專論佛學。及此書之出，可謂石破天驚，精闢絕倫。乃平生得意之作。

5.《心體與性體》

此書三大冊，歷時八年，是先生耗費生命心血最大最多的一部巨著。書前〈綜論部〉最後寫成，全書的基本義旨大體具備於此。其次爲〈分論〉一，講周濂溪、張橫渠；〈分論〉二，講二程與胡五峰；〈分論〉三，專講朱子。至於陸象山以下，則另書別論。

先生從頭疏導此期之學術，實在煞費工夫。先擺開文獻材料，找出其中的線索，勾出各家的眉目，比觀對照，不存成見，反覆再三，乃漸漸見出其中義理的必然歸趨。北宋諸儒，上承儒家經典本有之義，以開展他們的義理思想，其步步開展的理路，是由《中

庸》、《易傳》之講天道誠體，回歸到《論語》、《孟子》之講仁與心性，最後才落於《大學》講格物窮理。而其義理系統之開展，實繫於對道體、性體之體悟。

北宋前三家（周、張、大程）所體悟的道體、性體，以至於仁體、心體，皆靜態地爲本體論的實有，動態地爲宇宙論的生化之理，同時亦即道德創造之創造實體。它是理，亦是心，亦是神，所以是「即存有即活動」者。（兩「即」字，猶今語之「同時是」。「活動」指妙運氣化生生不息。）

明道既卒，伊川有二十年獨立講學之時間，他將道體、性體皆體會爲「只是理」，既然只是理，它便不是心，不是神，亦不能在此說寂感。道體之「神」義與「寂然不動，感而遂通」義既已脫落，則道體便成爲「只存有」而「不活動」的理。言道體是如此，言性體亦然。伊川又將孟子「本心即性」析而爲心、性、情三分，性只是形上之理，心與情則屬於實然的形下之氣。理上不能說活動，活動義落在氣（心、情）上說，於是性體亦成爲「只存有而不活動」。由於對道體性體的體會有偏差，乃形成義理之轉向。

唯此一轉向，在伊川並不自覺，二程門人亦未嘗順伊川之轉向而趨。而南宋初期之胡五峰，則乃上承北宋前三家之理路而發展，開出「以心著性，盡心成性」之義理間架。到此時爲止，伊川之轉向還只是一條伏線。

但朱子出來，因其心態同於伊川，四十歲以後乃自覺地順成伊川之轉向，而另開一系之義理。接著陸象山直承孟子出而與朱子相抗。於是，朱子（心、性爲二）、象山（心、性是一）加上胡五峰之湖湘學（以心著性），乃形成三系義理。下及明代，王陽明呼應

象山，劉蕺山呼應五峰，宋明儒學之義理系統，乃全部透出而完成。（以今語言之，此乃一個「道德的形上學」之充分完成。）

6.《從陸象山到劉蕺山》

7.《王陽明致良知教》

8.《陸王一系之心性之學》

　　《心體與性體》三大冊只講到朱子，陸象山以下，思想脈絡比較簡明，且不涉及文獻問題，故未亟予寫出。同時，先生在四十歲之前，即已撰寫《王陽明致良知教》發表，後又出版為單行本。民國45年（1956）又發表〈陸王一系之心性之學〉三篇，一為通論，二論王龍溪之頓教：先天之學，三論劉蕺山的誠意之學。此諸文中，實多精闢之見。但後來《心體與性體》出版，乃覺以前所寫之《王陽明致良知教》與〈陸王一系之心性之學〉三文，尚有欠諦當之處。乃再撰寫〈王學之分化與發展〉、〈致知議辯疏解〉兩文，發表於《新亞學術年刊》。民國65年（1976）又寫成〈「江右王學」之疏導〉，此三文皆講王學，前加陸象山章，後加劉蕺山章，即可合成一書，列為《心體與性體》第四冊。唯此書與前三冊相隔十年，又另印別行，乃換一書名為《從陸象山到劉蕺山》。書中截取原《王陽明致良知教》書中之〈致知疑難〉章，列於第三章第一節之後為附錄。其他各文，則宣稱宜廢。茲為保存先生學思之跡，仍將致良知教與陸王心性之學，編列於《從陸象山到劉蕺山》之後，以便參證。

　　儒家自孔、孟立敎，即是「解行雙彰」，有本體，有工夫，乃扣緊實踐以明道理者。宋明諸儒，周、張、大程，皆有其實踐之規模，然三人之實踐工夫實亦不過「明本心」而已，故可收攝於象山。自實踐規模言，象山提綱挈領，略舉端緒，至陽明而較詳，至蕺山而尤詳。

　　蕺山的誠意愼獨之學，是直接本於《中庸》首章與《大學》誠意章而建立。陽明之良知敎是由格物窮理而內轉，而蕺山誠意敎之攝知於意，則又就致良知之內而再內轉，此之謂「歸顯於密」。此意根誠體，是心體，亦是性體，而性體即從心體中看出，故蕺山曰：「性非心不體也」，又曰：「此性之所以爲上，而心其形之者歟」。此明顯是「以心著性」之義。

　　宋儒之學，至南宋而開爲三系，朱、陸二系繩繩相繼，傳續不絕；而五峰的湖湘之學則一傳而衰，直到五百年後，乃有蕺山出而言此形著之義。二人一頭一尾，完成一系之義理。而宋明六百年之學術，亦到此結穴，而完成了它發展的使命。

9.《蕺山全書選錄》

　　此乃牟先生自《劉子全書》中親筆抄錄之文獻，約十萬言。民國44年（1955）4月間，人文友會第十八、十九兩次聚會時，所講的便是「蕺山語錄」，自後續有抄錄，而輯成《蕺山全書選錄》，並在重大關鍵處加寫案語。八十歲時，又交託門人試作疏解。其重視蕺山文獻之意，非比一般。故特將此選錄編入《全集》，以見其旨，且存手澤。

第二輯　歷史與文化

先生所著新外王三書,是眞能貫徹晚明顧亭林、黃梨洲、王船山三大儒之心願遺志,而開出外王事功之新途徑者。三書要旨,分述於後。

10.《道德的理想主義》(含《理性的理想主義》)

民國38年(1949),大陸變色,國家民族與歷史文化之前途,已到最後徹底反省之時,先生依於客觀悲情之所感,轉而爲「具體的解悟」,以疏導華族文化生命的本性、發展、與缺點,以及今日「所當是」的形態,以決定民族生命的途徑,這是「大的情感」之凝歛,轉爲「大的理解」之發用。其結果,便是《道德的理想主義》、《歷史哲學》與《政道與治道》三書之寫成。

此三書有一共同的基本用心,是即:本於中國的內聖之學以解決外王之問題。蓋道德的理想主義必函著人文主義的完成,而人文主義的基本精神,必然含有三統之不斷。一、肯定道德宗教之價值,延續光大孔孟所開闢的內聖成德之教,以重開生命的學問,是謂「道統」之不斷。二、由民族文化生命中轉出知性主體以融攝希臘傳統,開出知識之學(科學),是謂「學統」之不斷。三、認識政體發展的意義,肯定民主政治之必然性,以開出法制化的憲政常軌,是謂「政統」之不斷。

而此三統之不斷,實即作爲理性根源的「怵惕惻隱之仁」所衍展的價值世界之範圍。怵惕惻隱之仁落於歷史文化上的深切著明之

表現，乃是歷史哲學的論題。通於外王事功，則必賅攝家國天下而爲一，是即外王一面的政道、事功、科學。凡此諸義，皆見於《歷史哲學》、《政道與治道》二書。

11.《歷史哲學》

此書通論三代、春秋、戰國、秦與兩漢，以疏通中國文化爲主。(1)貫通民族生命、文化生命，以開出華族更新之道路，是先生撰著此書之主要動機。(2)將歷史視爲一個民族之實踐過程，以通觀時代精神之發展，進而表白精神本身之表現途徑，並指出精神實體之表現形態，於此而疏導出中國文化所以未出現科學、民主之故，以及如何順華族文化而轉出科學與民主，則是先生撰著此書之基本用心。(3)蕩滌民國以來迷惑人心的唯物史觀（歷史的經濟決定論），進而完成「歷史的精神發展觀」，以恢復人類之光明，指出人類之常道，是即先生此書之歸結。

精神表現之形態與原理，在各國民族間的出現，不但有先後之異與偏向之差，而且其出現之方式亦有綜和的與分解的之不同。中國文化表現「綜和的盡理之精神」與「綜和的盡氣之精神」，西方則表現「分解的盡理之精神」。(1)由綜和的盡理之精神，表現「道德的主體自由」，使人成爲道德的存在（如聖賢君子與宗敎家。）(2)由綜和的盡氣之精神，表現「藝術性的主體自由」，使人成爲藝術的存在。（此取廣義，凡盡才、盡情、盡氣的天才、英雄、豪傑、才士、高人、隱逸一流，皆屬此類。）(3)由分解的盡理之精神，表現「思想的主體自由」及「政治的主體自由」，前者使人成爲理智的存在，後者使人成爲政治的存在。

中國傳統文化未能發展出科學、民主，其關鍵正在於「思想主體」、「政治主體」沒有充分透出以獨立表現之故。以是，文化不能只有道統，同時也須有學統與政統，方是文化生命之充實圓滿。

先生書出之後，唐君毅先生發表〈中國歷史之哲學的省察〉一文爲此書證義，先生亦撰寫〈關於歷史哲學〉一文以爲酬答。二文交光互映，皆有極大之啓發性。現已收於書後爲〈附錄〉。

12.《政道與治道》

此書的中心問題有二：一是政道與治道的問題，而尤著重於政道之如何轉出；二是事功的問題，亦即如何開出外王的問題。這兩個問題是中國文化生命中的癥結所在，二者相連而生，所以亦相連而解。在《歷史哲學》書中，已層層逼顯這兩個問題的重要，並已提供解答的線索；此書則進而展開地暢發了這一面的義理。

中國政道之不立，事功之萎縮，實由中國文化偏於理性之「運用表現」與「內容表現」。（科學知識之停滯於原始階段，亦繫因於此。）而要轉出政道，開濟事功，成立科學知識，則必須轉出理性之「架構表現」與「外延表現」。如何從運用表現與內容表現轉出架構表現與外延表現，以開出各層面的價值內容（如科學民主等），並使各層面價值之獨立性獲得貞定；又如何能將架構表現統攝於運用表現，以使觀解理性上通於道德理性以得其本源；這其中的貫通開合之道，在書中已作了層層的義理疏導，亦有了明確的解答。

秦、漢以來，真能上承孔、孟內聖外王之教，以從事實學、要求開濟事功者，宋明儒之後，只有晚明顧、黃、王三大儒接得上。

宋明儒是通過佛教之對照，以豁顯其內聖一面，葉水心、陳同甫與
晚明三大儒，是在遭逢華夏之淪於夷狄，而豁顯其外王一面。而先
生此書，則是經過滿清之歪曲，面對共黨之澌滅，而作進一步之豁
醒與建立。

第三輯　理則學

13.《邏輯典範》

此書之主旨，在於復邏輯之大常，識邏輯之定然，歸宿於「知
性主體」而見「超越的邏輯我」。

先生指出，邏輯的推演系統，只表現純理自己，是純理自己之
展現。「純理自己」一詞之提出，既可保住邏輯之自足獨立性，亦
可保住邏輯之必然性與超越性。

而思想三律（同一律、矛盾律、排中律）則是「肯定與否定之
對偶性」此一原則之直接展現。彼講唯物辯證法者從事物之變動與
關聯而反對思想律，乃是領域之混淆。西方邏輯專家之講法，則是
以形式主義、約定主義動搖邏輯之命根。而共相潛存說與邏輯原子
論，則又使邏輯依託於外在的形上學之假定上。先生以為，此皆義
理不透，未識邏輯之大常。故群言淆亂，使定然者變成不定，使必
然者變成不必然，此正時代精神虛脫飄蕩之象也。

是故，必須復邏輯之大常，識邏輯之定然，歸宿於「知性主
體」而見「超越的邏輯我」。然後，羅素的「實在論的數學」乃可
得而扭轉：數學與幾何，皆基於純理，而不基於邏輯原子論。其入

路亦不由有存在意義的「類」與「關係」入,而是由純理展現之外在化的「步位相」與「布置相」入;由步位相明數學,由布置相明幾何。如是,「存在公理」可以不要,使雙線(邏輯的、存在的)歸於一線(純理自己之展現),以救住數學自身之自足獨立的必然性。(此義,羅素的高足維根斯坦亦已見到,但他對邏輯的了解,尚未提煉到透徹的境地,所以其數學論亦只停在技術處理的形式主義上,而未達於通透之境。)

14.《理則學》

15.《理則學簡本》

《邏輯典範》完稿時,先生三十三歲。此書代表他對西方邏輯學的消化與扭轉。後來自覺該書「開荒之意重,雕琢之工少」,許多消極性與積極性的義理,尚有不夠明白處。而較為確定而透徹的陳述,是在後來撰著的《理則學》與《認識心之批判》兩書。

先生寫《邏輯典範》的主要用心,是要扭轉近世邏輯家對邏輯數學的解析,以接上康德的途徑,重開哲學之門。這是屬於邏輯哲學的工作,所以理論性的討論特多。而《理則學》一書,則應教育部之約而作為教科書之用,故只就邏輯系統作內部之講述,而不牽涉理論的討論。

該書分三部:第一部講傳統邏輯,分為八章。第二部講符號邏輯,分為三章,以講述邏輯代數、真值涵蘊系統、嚴格涵蘊系統。第三部為方法學,講歸納法。另有兩章附錄,一為辯證法,一為禪宗話頭之邏輯的解析。

　　至於《理則學簡本》，乃應東方出版社之約而撰寫，編入與范錡、錢蘋合著之《哲學·理則學·倫理學·心理學概要》，乃一般性之大學文科參考書籍。

第四輯　西學譯註

　　先生嘗謂，西方哲學有三大支：⑴柏拉圖代表一支；⑵萊布尼茲與羅素代表一支；⑶康德代表一支。柏氏一支與萊氏之形上學一面已消化於康德，故消化康德即無異於消化了西方哲學之大傳統。（唯萊氏與羅素之邏輯分析一套，康德未及消化，故此步消化必須中國人自己直接來完成。）

　　先生又謂：吾人若不能如當初之吸收佛教，而亦依獨立之中文譯本讀康德，即說不上吸收康德，而中國人亦將沒有福分參與康德之學。故自六十二歲撰著《佛性與般若》之同時，亦陸續從事康德批判書之翻譯。先生以一、二十年之精誠，終於獨力完成譯註康德三大批判之工作，其嘉惠後學，功不可沒。

16.《康德「純粹理性之批判」》

　　先生譯康德此書，前後連續近十年，隨時比對，隨時查核，幾乎每字每句皆予以考量，為使能達於表意而且能站得住而後可。先生譯康德書所表現的精誠審識，實已重現晉、唐高僧翻譯佛經之風範。此中譯本之上、下兩冊，先生皆有〈譯者之言〉，宜當仔細參閱。

　　先生指出，康德學原始要終之全部系統，雖在基督教傳統之制

約下完成，然其最後的總歸向卻近於儒家，擴大而言，亦可說近於中國儒、釋、道三教傳統所昭顯之格範。依先生之衡斷，內在於康德學本身予以重新消化與重鑄，而得以成為康德學之善紹者，將在中國出現。

哲學名理中之批判的解答，乃在明徹思辯理性底辯證推理中之虛妄，明示其不足以證明「意志之自由、靈魂之不滅、上帝之存在」，故最後歸於實踐理性以明之。思辯理性有虛，實踐理性歸實。虛實之辨正是康德之學之精髓。虛有其所以為虛，實則異層異說。知識層之實，康德已言之詳備；實踐層之實，則見於《實踐理性之批判》。

先生指出，通過康德《純理批判‧辯證部》之翻譯，可以見出中國智慧方向之所以多趣實而少蹈虛，正以其自始即著重在實踐理性故也。象山云：「千虛不博一實。」旨深哉！斯言也。中國智慧方向雖於「哲學名理」不甚足夠，然其實踐理性下之「敎下名理」之趣實無虛，卻甚能充其極。此則可使康德之《實踐理性之批判》百尺竿頭更進一步也。

17.《康德的道德哲學》

康德講道德哲學，以《道德底形上學之基本原則》與《實踐理性之批判》為代表作，先生即合此二書而名曰：《康德的道德哲學》。

譯康德之書，乃屬概念語言之學術文，只有嚴格語體文方能曲盡概念語言之結構。而譯事之難，有虛有實，虛者是文字，實者是學力。先生譯康德，雖從容而為，實勤力以赴。漸磨漸熟練，故信

而有徵，曲而能達，能信能達，即可與言學術之雅正矣。

　　先生以為，讀康德書，不可當做閒文而一目十行，必須定下心來逐句順文法結構仔細讀。讀者苟有相當之預備知識，則書中之內容亦不難理解，若精熟儒學，則理解更為容易。故先生譯此書時，皆隨加案語，以期與儒學相比照，使吾人對雙方立言之分際可有真切之理解。

　　先生譯《實踐理性之批判》隨文所作之案語，最見融攝會通之精意。而〈分析部〉第三章之案語，且約略與原文相等。讀此案語，乃知先生所謂康德學最後之總歸向近於儒家，而儒家可提升康德以使之百尺竿頭更進一步，凡此衡斷之語，的屬實見實言。以是，若謂先生乃康德最大之知音，亦非過當之論。

18.《康德「判斷力之批判」》

　　此書分上、下冊，上冊講「美」與「崇高莊嚴偉大」，下冊講「自然的目的論」。三《批判》書各冊之譯文，先生自謂以此譯為較佳，不過，譯文雖明暢可讀，但理解亦不易，故又就審美判斷之超越的原則，即「合目的性之原則」，作一仔細之疏導與商榷，是即上冊卷首之〈商榷〉長文。文分九大段，後三段說明真美善之「分別說」與「合一說」，以及分別說的真美善與合一說的真美善之關係。

　　分別說的「真」指科學知識說，分別說的「善」指道德說，分別說的「美」指自然之美與藝術之美說。三者皆有其獨立性，自成一個領域。而所謂真美善的「合一說」，乃是於同一事而「即真即美即善」。此一「合一」之妙境非西方哲學智慧所能及。而美學判

斷亦擔當不了康德所想的那責任（溝通道德（自由）界與自然界），故其所說「合目的性」之原則全不切合。

美，是氣化之多餘的光彩，而又無關於理性，是故我們不能通過「合目的性之原則」硬說「美是善的象徵」；而只能說：分別說的美是合一說的美之象徵，分別說的真是合一說的真之象徵，分別說的善是合一說的善之象徵。此一疏導融通，是即先生消化康德而超越康德處。其他相關之意，可參閱上、下冊之〈譯者之言〉。

康德三大批判的譯註全部出版之時，先生已八五高齡，是年除夕，先生為此最後出版之《康德「判斷力之批判」》下冊作題詞云：「此書之譯，功不在玄奘、羅什之譯唯識與智度之下，超凡入聖，豈可量哉！豈可量哉！然真正仲尼臨終不免歎口氣，人又豈可妄哉！豈可妄哉！」

19.《名理論》

先生在羅素學與早期維根斯坦學鼎盛之時，撰寫《認識心之批判》，其目的是想以康德之思路來消納羅氏與維氏之成就。唯當時先生只了解知性之邏輯性格，而未了解知性之存有論的性格。故《認識心之批判》所做者，即是知性之邏輯性格的展現。此亦可說是順維氏之講套套邏輯而推進一步，以了解邏輯之本性，並對邏輯系統作重新之疏解。

亦以此故，先生在《認識心之批判》出版三十年後而擬予以重印之時，特將維氏之《名理論》譯出以為導引。於此，正見先生學術心靈之綿穆不已，與哲學思理之圓實融貫。同時，這一步前後之呼應，亦表示先生在融攝康德之外，對另一系西哲思想（萊布尼茲

與羅素邏輯分析一套）之吸納與消化。

先生平看維氏之書，視之為一種「邏輯之哲學」（名理論），認為其最大之貢獻在講套套邏輯與矛盾，此亦正是邏輯本性之正文，一切對邏輯形式之洞悟與妙語皆源於此。至於其講世界、講事實、講命題、講圖像，涉及知識，消極地涉及哲學，因而劃定可說與不可說之範圍，把超越、形上學一概歸於不可說而置於默然不說之域，凡此等等，皆非邏輯本性之研究的主文，而只是因著論知識命題而消極地觸及者。套套邏輯非知識命題。

在〈譯者之言〉後段，先生對維氏之所謂「可說」與「不可說」，分十五條作了層層明晰之疏導。可參看。

20.《牟宗三先生譯述集》

此書所輯錄者，乃先生譯自英文之零散譯作。在十九篇中，有十一篇發表於民國26年（1937）抗日戰爭之前，三篇發表於抗戰時期，一篇發表於戰後。三篇譯於民國45年（1965），其中一篇未發表，最後一篇譯於民國76年（1987）六月。這些譯作，往往附以先生之評述與案語，故名此書為《譯述集》。

又案：先生抗戰勝利後任教南京中央大學與金陵大學時，曾翻譯羅素：《萊布尼茲哲學之疏導》與聖多瑪《神學總論》選譯。民國45年（1956）在「人文友會」第28至33次聚會，講述黑格爾〈權限哲學引論〉，有油印稿作講義。民國46年（1957）任教東海大學時，又選譯〈印度六派哲學：吠檀多〉，用作授課之講義。以上四譯稿，一時蒐集不齊，請俟之他日。

第五輯　哲學系統之建立

21.《認識心之批判》

　　此書在《邏輯典範》完稿之後開始構思，以將近十年之精勤努力，於民國38年（1949）完稿。七年之後始得在香港出版，又經三十三年，才由臺灣學生書局修訂重印。先生所撰〈重印誌言〉有云：此書乃四十歲以前純哲學的學思之重要結集，雖只能代表前半期學思粗略之成熟，但此書之原創氣氛不可掩。而其感發力之強，對於失去獨立精神之中國學界而言，亦是一莫大之鼓舞與激勵。

　　自後，先生既於中國哲學（儒、釋、道）有詳盡明徹之疏解，於康德哲學亦有譯註，有闡釋，有開發。歷數十年中西方面之積學與精思，先生乃鄭重指出：

> 知性之邏輯性格的充分展現，不僅對於把握認知心之本性與限度極為重要，而且亦是學習西方哲學時一步極其重要之訓練。能對認知心有充分認識，自能進而正視道德心。學者如欲由知性之邏輯性格進而契悟康德的「知性之存有論的性格」，以及其現象與物自身之超越區分，感觸物與智思物之兩界之分，則必須精讀康德之書。

依先生之自判，《智的直覺與中國哲學》是一過渡之思想，尚非成熟之作。至《現象與物自身》一書寫成，再反觀《認識心之批

判》，乃可見出先生前後期學思之差異；再進到《圓善論》，則眞可以知「消化康德並使之百尺竿頭更進一步」之道，並亦可知中西哲學會通之道。

22.《智的直覺與中國哲學》

先生寫此書之動機，雖因讀海德格之書而引起，而關聯自己之著作而言，則一方面是上接《認識心之批判》而進一步疏解康德的原義，另一方面是作爲《心體與性體・綜論部》討論康德的道德哲學之補充。

此書涉及康德的地方，是依先生自譯之原文加以疏導。而關於抉發中國哲學所含的「智的直覺」之意義，則徵引儒釋道三家之文獻，就⑴儒家之「本心仁體之誠明、明覺、良知、或虛明照鑑」（德性之知）；⑵道家之「道心之虛寂圓照」（玄智）；⑶佛家之「觀照即空即假即中之實相的般若智」，及其展示一圓敎之典型，以詮表中國三大敎的「智的直覺」義。先生認爲，智的直覺不但在理論上必須肯定，而且是實際地必能呈現。如此，則中國哲學可以「哲學地」建立起來，而且康德自己所未能眞實建立的，亦因此而可以客觀地眞實地建立起來。

先生由康德的批判工作接上中國哲學，進而開出「基本存有論」的建立之門路；從本心、道心或眞常心處建立。⑴本心、道心、眞常心，是「實有體」；⑵實踐而證現這實有體，是「實有用」（本實有體而起用）；⑶成聖、成眞人、成佛以取得實有性（即無限性），這便是「實有果」。這「體、用、果」便是「基本存有論」的全部內容。

先生又謂，不講形上學則已，如要講，便只能就康德所說的「超絕形上學」之層面，順其所設擬的（物自身、自由意志、道德界與自然界之溝通）而規畫出一個道德的形上學，以智的直覺之可能來充分實現它。所以，「基本存有論」只能就道德的形上學而建立。

康德曾作《形上學序論》，海德格改作《形上學引論》，先生此書則仍歸於康德，並順其「超絕形上學」之領域，而開出康德所嚮往而卻未能建立的「道德的形上學」。所以，先生此書所代表的方向，是值得當代（西方）哲學界借鏡、審識而愼取的。

23.《現象與物自身》

民國61年（1972），先生因著在香港中文大學講知識論課程之機緣，欲將平素所思作一系統之陳述，於是一面口講，一面筆寫，閱八月而完稿。這是先生撰寫最快之書，但卻是四十餘年學思工夫蘊積而成。

此書之內容，以康德的「現象」與「物自身」之區分爲中心，而以中國的傳統哲學爲說明此一問題之標準。

康德說，我們所知的只是現象，而不是物自身。現象是感觸直覺的對象，物自身則是智的直覺之對象，而智的直覺專屬上帝所有。又說上帝只創造物自身，而不創造現象。康德的點示，當然含有一種洞見。先生在譯述康德書的過程中，正視了康德的洞見之重大意義，亦見到知性之存有論的性格之不可廢，並依中國的傳統，肯定「人雖有限而可無限」，「人有智的直覺」。由中國哲學傳統與康德哲學之會合而激出一個浪花，乃更能見出中國哲學傳統之意

義、價值，以及其時代之使命與新生。並由此而看出康德哲學之不足，於是而有此書之完整通透之綜述。

　　先生依於中國哲學之傳統，指出道家之玄智、佛家之空智、儒家之性智，皆是自由無限心之作用。由自由無限心而說的智的直覺。所謂「物自身」（物之在其自己），並非一事實概念，而是一個有價值意味的概念，它就是物的本來面目，物之實相。所以，物自身乃是一個「朗現」。

　　對自由無限心（智心）而言，為物自身；對認知心（識心、有限心）而言，為現象。「現象」與「物自身」之特殊義，既皆得以確定而不搖動，則二者之間的超越區分，亦逐充分證成而不搖動。對自由無限心而言，而有「無執的（本體界的）存有論」；對識心之執而言，而有「執的（現象界的）存有論」。這兩層存有論之建立，後者以康德為主，前者以中國的哲學傳統為主。

　　先生此一工作，是依法不依人，依義不依語，以作「稱理而談」的融攝。此步融攝，必須對中國哲學傳統有確定之了解。而先生之綜述，乃以他的《才性與玄理》、《佛性與般若》、《心體與性體》三書為依據，故信而有徵。而先生為此書所作之長序，對其平生之學思與撰著此書之哲學根據，以及通過此書對當前時代之判教與融通，皆言之極為精要而明透。

24.《圓善論》

　　先生撰著《圓善論》，乃由講天台圓教而引發。天台宗判教而顯示的圓教義，是真能把圓教之所以為圓教的獨特模式表達出來者。先生由圓教而想到康德哲學系統中最高善：圓滿的善（圓善）

之問題，由圓教一觀念而啓發了圓善問題之解決。此一解決是依「佛家圓教、道家圓教、儒家圓教」之義理模式而解決的。此與康德之依於「基督教傳統」而成的解決並不相同。

依康德，哲學系統之完成是靠兩層立法而完成。在兩層立法中，實踐理性（理性之實踐的使用）優越於思辨理性（理性之思辨的使用）。而實踐理性必指向圓滿的善。因此，圓滿的善乃是哲學系統之究極完成的標識。

視圓滿的善爲一問題，是來自西方；而正式解答之，則始自康德。但康德之解答是依基督教之傳統而作成，此並非一圓滿而眞實之解決。先生此書所做者，則依於圓教之義理，以期得一圓滿之解決。唯「圓教」並非一易明之觀念，不但西方無此觀念，即儒、道兩家亦不全備，此乃由天台智者大師之判教而逼顯者。

判教乃一大學問，能判之而彰顯圓教之何所是，尤其是一大智慧。先生以此智慧爲準，先疏通向、郭注《莊》而確立道家之圓教。次疏通儒學發展至王學之四有四無，再回歸於明道之一本與五峰之同體異用，而確立儒家之圓教。圓教確立，用於圓善，則圓善之圓滿而眞實之解決，可以得矣。

先生指出，圓教必透至無限智心始可能。如是，吾人以「無限智心」代上帝。（因爲無限智心之人格神化，實爲情執，不如理故。）無限智心必須落實。（不應對象化而爲人格神）落實云者，人能體現之之謂。人能體現之始見無限智心之實義。（對象化而爲人格神，則只是情識崇拜祈禱之對象，其實義不可見；實義不可見，則吾人不能證知：其德福一致問題之解決將能有何作用？）無限智心能落實而爲人所體現，體現之而至於圓極，則爲圓聖。

　　如是，由士而賢，由賢而聖，由聖而神，「士、賢、聖、神」一體而轉。人之實踐的造詣，隨根器之不同及種種境況之限制，而有各種等級之差別，然而聖賢立教則成始而成終矣。至聖神位，則圓教成。圓教成，則圓善明。圓聖者，體現圓善於天下者也。此乃人極之極則。哲學思考至此而止。（中間之餘義，則詳見《現象與物自身》，以及此書之附錄：〈「存有論」一詞之補述〉。）

第六輯　論著匯編

25.《生命的學問》

　　此書所輯，乃民國三十八年（1949）到台灣之後，七、八年間在各報刊發表之文章（計二十一篇），以《生命的學問》為書名，交由三民書局出版，編列為三民文庫本。

　　可惜此書未蒙出版者三民書局之授權，無法編入《全集》，只能以「存目、闕文」作一標示而已。此一遺憾，須待若干年後，再謀補救。

　　唯此小書頁136，記述熊十力先生與馮友蘭討論其《中國哲學史》，直指馮氏以良知為假定，乃大誤。曰：「你說良知是個假定，這怎麼可以說是假定！良知是真真實實的，而且是個呈現，這須要直下自覺、直下肯定，」牟先生當時在座，聽聞此言，覺得「這霹靂一聲，直是振聾發瞶，把人的覺悟提升到宋明儒者的層次。」再如書中頁8〈哲學智慧的開發〉與頁228〈水滸世界〉二文，皆顯俊逸之姿，警策之意，隨處有神來之筆，值得讀者多加留

意。

26.《時代與感受》

此書所輯，乃先生七十歲以後公開演講之講錄。先生自序指出，一個人處於非理性的時代，即不能不理會此非理性之時代何由而來。此中所含之問題，不只是泛泛的思想問題，而是人類價值的標準問題與人類文化的方向問題。

先生自讀大學開始，即面對國家處境之艱難與邪惡思想之猖獗而有痛切之感，歷經五十餘年之災害與劫難，感愈深而痛愈切。蓋先生文化意識之綿穆與族類之感之強烈，時時念念皆是「怵惕惻隱之心」的顯發與感通，故當前時代有關民族生命與文化方向之種種問題，皆在先生一貫的關切與感受之中。

中國的學問是生命的學問，由眞實生命之覺醒，向外開出「建立事業與追求知識」之理想，向內滲透此等理想之眞實本源，以使理想眞成其爲理想，此方是生命的學問之全體大用。

此書輯錄二十四篇講錄，皆先生在半世紀的劫難之中所親身感受的問題。先生在序文末段有云：我的一生，可以說是「爲人類價值之標準與文化之方向而奮鬥以伸展理性之經過」。這一句簡單的話，正是他豐富而眞實的「智仁勇」之恰當表白。

27.《時代與感受續編》

先生關於現實層之種種問題所作之評論，或是親筆撰寫，或是演講之記詞。除已編入《生命的學問》與《時代與感受》兩書者外，尚有五十五篇性質相同的文字，今依其年次匯編爲《時代與感

受續編》，收入《全集》。

28.《牟宗三先生早期文集》

29.《牟宗三先生晚期文集》

先生在專著與已經輯錄出版之論集、講錄之外，尚有不少討論學術問題之散篇文字。今以民國三十八年（1949）為界，分別輯為《早期文集》與《晚期文集》。

《早期文集》蒐羅不易，經李明輝之四處蒐求，並蒙鄭家棟、羅義俊、鄧小軍、權相佑、李維武、王興國、陳明、黎漢基諸人之協助，共得六十八篇，依類分為：㈠論邏輯、㈡論知識、㈢論哲學問題、㈣論時勢、㈤論文學。

《晚期文集》共得三十八篇。前三十七篇依發表年次編列。第三十八篇為英文，乃先生1972年出席夏威夷大學以王陽明為主題之東西哲學家會議之論文英文稿。（乃節錄〈王學的分化與發展〉第二節「王學底分派」論王龍溪一段而譯成。此文後來編為《從陸象山到劉蕺山》之第三章。）

30.《牟宗三先生未刊遺稿》

先生未刊之遺稿，共十一篇。前三篇為父喪誌哀之作。次五篇乃四十歲時感懷人生、憂念時勢危亂以及國族前途之韻句歌行。文采樸美，氣宇高華，矯矯雄健，超邁時流。讀者在誦讀皇皇巨帙之餘，又得此悱惻慷慨、悲憤時世之歌行短篇而讀之，其亦足以激感興懷，而引發生命之真情與心靈之慧解也夫！

另有〈自立銘〉與〈聖學箴〉，前者乃先生贈勉侄兒之作，後者乃傳統形式之規箴語。而〈江西鉛山鵝湖書院緣起暨章則〉，則可見證先生之學術意識與講學熱忱。

第七輯　講錄

31.《人文講習錄》

民國43年（1954），先生有感於大學教育分門別類，專以知識為務；而於生命性情、精神志趣、觀念方向、文化理想，反而隔閡而不相通貫。於是，假台灣師範大學為講壇，定期舉行持續開放之師友講習，名曰「人文友會」。茲所輯印者，即係當年之講錄。（其內容要旨，可參閱該書目錄，聚會之會友則略見於書前之編印說明。）

綜觀兩年之所講，皆針對馬、列之魔道與時風之灰色而說話。其基本旨趣，在於提撕精神，凝聚心志，以透顯新理想，形成新風會。故其所講，語語皆從天而降，自肺肝流出。並自覺自信「今後之思想主流必從我們這裡開始」。一代大哲之深慧睿思，不僅見於數十種皇皇鉅著，而此《人文講習錄》所顯露者，尤為具體親切，智光閃爍。

32.《中國哲學的特質》

此書乃先生應香港大學之約，在校外課程部主講十二次之記詞（王煜紀錄）。中國哲學包含很廣，大體而言，是以儒、釋、道三

教爲中心。但限於時間，只能以儒家思想爲講述的範圍，其他皆無暇涉及。但這本小書雖不完整，而文字活潑，清新明爽，見解超俗，故大受學界歡迎。

先生再版自序有云：「此小冊便於初學，但因是簡述，又因順紀錄文略加修改而成，故不能期其嚴格與精密。倘有不盡不諦或疏闊之處，尤其關於《論語》與《中庸》、《易傳》之關係處倘有此病，則請以《心體與性體‧綜論部》爲準，以求諦當，勿以此而生誤解也。」

33.《中國哲學十九講》

民國67年（1978），先生應教育部第三年客座教授之聘，在台灣大學哲學研究所主講「中國哲學之簡述及其所涵蘊之問題」，共十九講。由該所研究生陳博政、胡以嫺、何淑靜、尤惠貞、吳登臺、李明輝六人錄音整理後，以《中國哲學十九講》爲書名交付出版。

此十九講之記詞，保存口講之語氣，具體而活潑，疏朗而條達，雖不及專著之謹嚴，而就明辨義理系統之性格與掌握哲學問題之線索而言，則於讀者實較利便。

此書之綜述，並非一時之興會，亦非偶發之議論，而乃關乎中國哲學之系統綱格與義理宗趣者。其所釐定之諸問題，亦對中國哲學之發展具有重大之啓發性。故各講所舉述的問題皆有所本，而所本的義理，在先生相關的著作裡都有詳細的討論。先生以超過半世紀的憤悱精思，完成如此通盤兼顧的哲學大工程，不但是二十世紀中國學術上的大事，而從一個哲學家繼往開來的意義上看，也是古

今罕見的。

先生書前小序有云：「綜述已，則各期思想之內在義理可明，而其所啓發之問題亦昭然若揭，故此十九講之副題曰『中國哲學之簡述及其所涵蘊之問題』。簡述以明固有義理之性格，問題則示未來發展之軌轍。繼往開來，有所持循，於以知慧命之相續繩繩不已也。」

34.《中西哲學之會通十四講》

民國71年（1982），先生又應台灣大學與聯合報系文化基金會之聯合聘請，爲台灣大學哲學研究所講「中西哲學會通之分際與限度」，其錄音由旅日本大阪之林清臣醫師整理成稿，又經先生審訂後，以《中西哲學之會通十四講》爲書名，交付出版。

中西哲學傳統的主導觀念，一個是「生命」，一個是「自然」。中國哲學所關心的是「生命」，西方哲學所關心的是「自然」。

數千年來，儒家講性理，道家講玄理，佛家講空理，這是中國哲學傳統留下來的智慧方向，也是中國文化數千年間的精華所在。性理、玄理、空理，屬於道德宗教方面，是生命的學問。人的生命是很麻煩的，往上可以通神聖，往下墮落則可能比禽獸更壞。中國文化一開始就重視生命，要調護潤澤生命，使它往上翻。但生命不只要往上翻，還有往外、往下的牽連，順此牽連而有各種特殊的問題，如政治、社會、經濟等等，這都需要特殊的學問：專家的科技的學問。

生命的學問，是中國文化內部核心的生命方向，此不同於典章

制度、風俗習慣，不可相混，知識的學問（邏輯、數學、科學），
則是中國文化發展中的缺憾，必須自覺地作自我調整，從文化生命
中自本自根開出來。

中西哲學對「感觸界」與「智思界」之或輕或重，或消極或積
極，則正是中西哲學會通的關鍵所在。先生於此，特借用佛家《大
乘起信論》的「一心開二門」以爲說。這是中西雙方共同的哲學間
架。依佛家本身的講法，所謂「二門」，一是眞如門，一是生滅
門。眞如門就相當於康德的智思界，生滅門就相當於康德的感觸
界。中西哲學雖然同樣都是開二門，但二門孰重孰輕，或是否已充
分開出來，則彼此有所不同。順此而涉及的中國哲學與西方哲學之
種種問題，先生皆已作了層層之比對與深入而透闢之疏解。其中簡
要的意思，可從第七至第十四講之標目看出。而詳細的討論，則請
參閱各講之講錄及《現象與物自身》

35.《四因說演講錄》

民國八十年（1991），先生在香港新亞研究所講「四因說」。
以亞里士多德的四因說作爲入路，藉「四因」（形式因、質料因、
動力因、目的因）的分析，來衡量中國哲學中儒、道、佛三家的義
理；在衡量過程中，同時即對人類各大智慧系統作出論衡。

依先生之意，康德所謂的「批判」，其本義實是「論衡」，也
即簡別、衡定的意思。藉亞氏四因說來省察中國哲學三大主流的思
想，正是中西哲學會通的應有之義。

此講錄共二十講，由盧雪崑整理成稿。前十五講經先生過目審
訂，後五講則由楊祖漢負校訂之責。第一至第五講，是對儒家的考

量;第六至第九講,是對道家的衡量;第十講以下皆講佛教。何以佛教佔的分量最多,因爲它名相多,觀念豐富。在此,且看第九講最後一段文,文曰:

> 道家已經很難了解,若再講到佛教就更難了。佛教通過什麼來說明存在?佛教沒有通過「是什麼」之是,也沒有通過「生之謂性」之生,也沒有通過「無」來說明存在。它麻煩得很。佛教通過「無明」來說明天地萬物,唯識宗說唯識所變,識就是「無明」,虛妄分別。所以,佛教講無自性,如幻如化。從無自性、如幻如化推進一步,如何保住如幻如化的萬法呢?佛教講「去病不去法」。這更麻煩,更難了解。佛教這個系統看穿了也很美,道家也很美,所以歷來很吸引人。聰明才智之士不喜歡講儒家,因爲儒家太老實。你能把佛教、道家講明白就很了不起。一般人只是妄談釋道,並不眞能了解。但以其有趣味,有浪漫性,故隨便妄談之。儒家固老實,但其崇高莊嚴而偉大,人們便不能了解了。

這個說法,非常生動有趣,而又「極高明而道中庸」。

36.《宋明儒學綜述》

此乃民國52年(1963),先生應香港大學之約,在校外課程部之講詞,原定十二講,前六講由王煜記錄,發表於香港《人生雜誌》。第七講以下,先生親自撰寫,分期發表於《民主評論》,後又部分納入《心體與性體·綜論部》。其中原委,請參閱此書之

〈編校說明〉。

37.《宋明理學演講錄》

此乃民國75年（1986）在香港新亞研究所講課之錄音記錄，由盧雪崑整理成稿，先生親自修訂，連載於《鵝湖月刊》。

講錄分九大段，從北宋儒學復興之歷史背景、不同層次之「理」的簡別、宋明儒學的經典根據，再到性體義、道體義之疏解，然後講周子「默契道妙」，張子「天道性命相貫通」，大程子達到主客觀面之合一，完成圓教之模型。最後就伊川與朱子之義理歧出，提出說明。故此一講錄，可視為《心體與性體》三冊之簡述。

38.《周易哲學演講錄》

先生八十四歲時（1992），在新亞研究所講《周易》，共二十一講。次年，以八五高齡，再講《易·繫辭傳》，共九講。民國87年（1998），盧雪崑依錄音整理成稿，由《全集》編委會委託楊祖漢、王財貴負責校訂。但因錄音帶有缺漏，故本書後半之記詞不夠完整。

因先生除早年所撰《周易的自然哲學與道德函義》之外，別無易學之專著，而本講錄正是了解先生晚年易學思想之重要依據。實在彌足珍貴。

第八輯　自傳與附錄

39.《五十自述》

書分六章：一、在混沌中成長；二、生命之離其自己的發展；三、直覺的解悟；四、架構的思辨；五、客觀的悲情；六、文殊問疾，內分八節：(1)孔子的指點；(2)文殊的問候；(3)「病至於死」：生命的兩極化；(4)沉淪之途；(5)內容眞理之存在的體證；(6)悲情三昧；(7)釋迦佛之存在的證悟；(8)耶穌之「證所不證能，泯能而歸所」。

〈自序〉有云：「此書爲吾五十時之自述。當時意趣消沉，感觸良多，並以此感觸印證許多眞理。故願記之以誌不忘。此或可爲一學思生命發展之一實例也。」五十以後，先生集中心力於古學之表述，與對康德之融攝消化，而陸續完成十餘部之專著出版，故不復作生活之憶述。

〈自序〉又云：「學術生命之暢通，象徵文化生命之順適；文化生命之順適，象徵民族生命之健旺；民族生命之健旺，象徵民族魔難之化解。無施不報，無往不復，世事寧有偶發者乎？吾今忽忽不覺已八十矣。近三十年之發展，即是此自述中實感之發皇。聖人云『學不厭，敎不倦』，學思實感寧有已時耶？」

此書之最後一段，極佳、極徹、極諦。其言曰：

凡我所述，皆由實感而來。我已證苦證悲，未敢言證覺。然我以上所述，皆由存在的實感確然見到是如此。一切歸「證」，無要歧出。一切歸「實」，不要虛戲。一切平平，無有精奇。證如室悲，彰所泯能，皆幻奇彩，不脫習氣。

（習氣有奇彩，天理無奇彩）。千佛菩薩，大乘小乘，一切
聖賢，俯就垂聽，各歸寂默，當下自證。證苦證悲證覺，無
佛無耶無儒。消融一切，成就一切。一切從此覺情流，一切
還歸此覺情。

40.附錄一：《牟宗三先生學思年譜》

　　年譜是個人的編年史，對某人成學的經過、思想的演變、著作
的出版、仕進的升遷、爲政的治績及其生平交遊、門人傳承等等，
都可以依年次而加以記述與評論。

　　昔賢講學，多不著書。故其思想觀念、學術異同，不易掌握。
編年論叙，更加困難。加以仕宦爲政，事情繁雜，故年譜之成，千
難萬難。而先生一生講學，最見條理，所著各書，也最有系統，生
平行事，又很單純。因而年譜之作，比起先儒來應該比較容易。關
鍵只在對他的學思如何理解，如何表述。

　　先生七十壽慶集中，有蔡仁厚所撰〈牟宗三先生的學思歷程與
著作〉一長文，同年初多他又著手編撰先生學行紀要編年，次年完
成初稿，日後也陸續有所補寫，皆送請先生親自過目，並在《鵝湖
月刊》發表，以求證於諸方友朋。及先生謝世，喪葬事畢，即整理
成稿付印。

　　年譜分三部分：甲、「學行紀要」，分六卷；乙、「學思歷
程」，分六階段；丙、「著作出版年次表」。另有附錄：1.學行事
略；2.喪紀；3.墓園記（含墓表）。又以〈學思年譜撰述報告〉作
爲後跋。

41.附錄二：《國史擬傳》

先生逝世之次月，國史館約請蔡仁厚爲先生撰寫〈國史擬傳〉。傳分九段：1.家世與簡歷；2.北大求學，化腐朽爲神奇；3.從美感直覺到架構思辯（扭轉羅素、提升康德）；4.回歸生命，契入儒聖之學；5.新外王與外王三書；6.表述儒釋道（從先秦到宋明）；7.一心開二門、兩層存有論（漢譯三《批判》）；8.圓善論：哲學系統之究極完成；9.一生著作，古今無兩。全文一萬四千字，民國84年（1995）十二月發表於《國史館館刊》復刊第19期。次年6月，編入《國史擬傳》第6輯。今編列於《全集》第8輯。

42.附錄三：《牟宗三先生著作編年目錄》

此編年目錄，自民國20年（1931）9月起，至民國85年（1996）3月止。全部論文，皆依發表年月先後編列，並註明刊物名稱與卷數期別。著作出版亦依年次編入，並註明出版書局之名稱。在編製過程中獻辛勞者，李明輝之外，有鄭家棟、羅義俊、鄧小軍、顏炳罡、李維武、權相佑、王興國、陳明、黎漢基諸先生，而編委會三位助理戴志村、王又仕、張裕德之協力，亦所感念。

肆 餘言

此《全集》未曾編錄之書文，有《牟宗三先生的哲學與著作》（七十壽慶集）、《牟宗三先生紀念集》（哀思錄），以及歷年來之「書信」與未及整理之「講學錄音」。將來資料日漸完備，應再彙集出版全集之續編。

一‧《牟宗三先生的哲學與著作》

此書之內容：壹、編印緣起；貳、牟先生學思小傳；參、牟先生學思歷程與著作，文分五階段，蔡仁厚撰述；肆、論文甲編（關於歷史文化者）：文六篇，撰文者為陳拱、周群振、朱維煥、陳修武、鄭力為、陳癸淼；伍、論文乙編（關於中國傳統哲學者）：文五篇，撰文者為蘇新鋈、廖鍾慶、蔡仁厚、戴璉璋、楊祖漢；陸、論文丙編（關於中西哲學會通者）：文八篇，撰文者為劉述先、冼景炬、李天命、陳榮灼、李瑞全、鄺錦倫、郭善伙、謝仲明；柒、編輯後記。

全書962頁。民國67年（1978）9月，由臺灣學生書局出版，〈編印緣起〉末段有云：

今年孟夏吉辰，爲先生七十哲誕之慶。客歲某月，在臺同門
有編印祝壽論集之倡議，唯散篇論文，義難相屬，意亦浮
泛，今所不取。爲使吾人主觀之誠敬，而能表現客觀之意
義，則論集諸文當以介述先生之學爲主旨。凡先生所著各
書，皆針對某一時代或某一方面之學術問題，而提供一解決
之道。唯各書之旨趣及其義理之綱脈，思想之根據，與夫解
決某一問題之理路，一般讀者或未易眞切把握，學界中人恐
亦不免隔閡而鮮有相應之了解。從游諸友苟能各本一己之所
得，就某一書或某一論題作一相應而中肯之介述與討論，則
不僅嘉惠初學，對當前之學術而言，亦將可有摩盪啓迪之
效。爰於去年夏秋之間，邀約諸友分頭撰文，輯爲此書。既
以略表同爲先生祝嘏之微忱，而尤在本於公誠之心爲先生之
學親作見證云。

二·《牟宗三先生紀念集》

紀念集於民國85年（1996）12月，由東方人文學術研究基金會
出版，計六百頁。內容含遺照、墨寶、學行事略、褒揚令、祭文、
哀輓、唁文、墓表等。而悼念文字共計九十七篇。其中㈠發表於
《鵝湖月刊》者五十篇，撰文者爲王邦雄、蔡仁厚、楊祖漢、黃振
華、劉述先、陳癸淼、唐亦男、曾昭旭、李瑞全、劉國強、黃漢
光、何淑靜、李淳玲、金貞姬、范良光、陳德和、周群振、霍韜

晦、王財貴、盧雪崑、方穎嫻、潘朝陽、吳明、孫守立、許義灶、
郭齊勇、李耀仙、劉雨濤、樊克偉、林安梧、朱維煥、顏炳罡、高
柏園、鄧立光、陳特、羅義俊、顏國明、陳代波、唐端正、林月
惠、霍晉明、李祖原、傅成綸等。㈡發表於各大報刊者三十篇，撰
文者爲蔡仁厚、王邦雄、曾昭旭、余英時、張堂錡、周群振、翟本
瑞、陳德和、陳癸淼、李瑞全、胡以嫻、西西、謝仲明、李明輝、
朱建民、尤惠貞、莊耀郎、陳冠學、馬森、胡菊人、張從興、劉述
先等。㈢發表於中央研究院《中國文哲研究通訊》者六篇，撰文者
爲戴璉璋、劉述先、蔡仁厚、林安梧、陳榮灼、李明輝等。㈣發表
於香港《毅圃》季刊者十一篇，撰文者爲劉國強、賴光朋、李葛
夫、楊惠琪、黃麗章、寶寶、譚寶珍、梁惠健、林文、林苗等。

　　紀念集之〈弁言〉有云：

　　　敬維師尊一生，無論講學論道，著書抒義，皆以光暢中國哲
　　學之傳統，昭蘇民族文化之生命爲職志。其學思之精敏，慧
　　識之弘卓，與夫文化意識之綿穆強烈，較之時流之內失宗主
　　而博雜歧出者，夐乎尚矣。一代哲儒，固國族之瑰寶，人文
　　之精粹；唯文化學術之開展，須得人人異地而同心，始能匯
　　成沛然莫之能禦之巨流。爲此，敬望天下賢彥與學界才俊，
　　同注心力，以永續文化之慧命；共勵精誠，以開顯學術之光
　　輝。

三・「書信」

先生歷年之書信，散在各地，蒐集不易。此其一。私人書信難免涉及月旦評議，在可預見之未來，猶存忌諱，未便公開。此其二。古人常以書信論學，近人則多致力撰寫專著，而書信在學術上之重要性乃隨之而降低。此其三。據此三點，故《全集》編委會決定，暫不處理書信，容後再作斟酌。

四・「講學錄音」

先生自香港中文大學退休之後，仍任香港新亞研究所哲學組導師，又應台灣各大學之約，在台灣大學哲學系、台灣師範大學國文系、東海大學哲學系、中央大學哲學研究所先後講學，積存講課之錄音帶甚多。整理出版者不過小半。日後宜擇其要加以整理，再經嚴謹之審訂，設法出版。

民國90年（2001）辛巳夏月

《牟宗三先生全集》編輯委員會　謹述

牟宗三先生全集

詳　目

目　次

① 周易的自然哲學與道德函義……………………………… 1
② 名家與荀子………………………………………………… 4
　　才性與玄理………………………………………………… 6
③ 佛性與般若（上）………………………………………… 10
④ 佛性與般若（下）………………………………………… 14
⑤ 心體與性體（一）………………………………………… 18
⑥ 心體與性體（二）………………………………………… 23
⑦ 心體與性體（三）………………………………………… 26
⑧ 從陸象山到劉蕺山………………………………………… 30
　　王陽明致良知教…………………………………………… 33
　　蕺山全書選錄……………………………………………… 34
⑨ 道德的理想主義…………………………………………… 39
　　歷史哲學…………………………………………………… 40
⑩ 政道與治道………………………………………………… 46
⑪ 邏輯典範…………………………………………………… 52
⑫ 理則學……………………………………………………… 61
　　理則學簡本………………………………………………… 66

⑬ 康德「純粹理性之批判」（上）……………………… 67

⑭ 康德「純粹理性之批判」（下）……………………… 71

⑮ 康德的道德哲學 ……………………………………… 74

⑯ 康德「判斷力之批判」（上）……………………… 79

　　康德「判斷力之批判」（下）……………………… 80

⑰ 名理論 ………………………………………………… 81

　　牟宗三先生譯述集 …………………………………… 82

⑱ 認識心之批判（上）………………………………… 83

⑲ 認識心之批判（下）………………………………… 87

⑳ 智的直覺與中國哲學 ………………………………… 90

㉑ 現象與物自身 ………………………………………… 92

㉒ 圓善論 ………………………………………………… 98

㉓ 時代與感受…………………………………………… 100

㉔ 時代與感受續編……………………………………… 102

㉕ 牟宗三先生早期文集（上）………………………… 105

㉖ 牟宗三先生早期文集（下）………………………… 108

　　牟宗三先生未刊遺稿………………………………… 110

㉗ 牟宗三先生晚期文集………………………………… 111

㉘ 人文講習錄…………………………………………… 114

　　中國哲學的特質……………………………………… 117

㉙ 中國哲學十九講……………………………………… 118

㉚ 中西哲學之會通十四講……………………………… 120

　　宋明儒學綜述………………………………………… 122

　　宋明理學演講錄……………………………………… 123

牟宗三先生全集①

周易的自然哲學與道德函義

《周易的自然哲學與道德函義》全集本編校說明 ………… (1)

重印誌言 ……………………………………………… (3)

張序 …………………………………………………… (9)

自序一 ………………………………………………… (11)

自序二 ………………………………………………… (15)

導言 …………………………………………………… 1

Ⅰ　漢之天人感應下的易學 ………………………… 15

　A.天人感應的根本思想 …………………………… 15

　B.孟京費三派之分野 ……………………………… 21

　C.孟喜與京房 ……………………………………… 32

　D.鄭康成的易學 …………………………………… 41

　E.荀慈明的易學 …………………………………… 61

　F.虞仲翔的易學 …………………………………… 67

　G.漢易之綜結與評價 ……………………………… 96

Ⅱ　晉宋的佛老影響下之易學 ……………………… 113

　A.引言 ……………………………………………… 113

　B.王弼的易觀 ……………………………………… 115

C. 朱子的易觀 ·· 129

D. 附論戴東原的道德哲學 ····································· 155

Ⅲ　清胡煦的生成哲學之易學 ·································· 183

引言 ··· 183

A. 先天後天 ·· 185

B. 自然之分化 ··· 194

C. 生成的根本範疇 ··· 206

D. 時位爻 ·· 220

E. 首與尾 ·· 262

F. 時間與空間之構成 ·· 269

G. 真變與假變 ··· 282

H. 爻、性德、象 ··· 289

Ⅳ　清焦循的道德哲學之易學 ································· 293

引言 ··· 293

A. 五原則 ·· 296

B. 四個道德理想底標準範疇 ································ 306

C. 達此理想底方法 ··· 315

D. 道德生活底層次說 ·· 322

E. 變通中之範疇 ··· 328

F. 最後的玄學之解析 ·· 345

G. 向道德觀念之應用 ·· 361

H. 朱、戴、焦的絜合——新倫理系統的完成 ·········· 381

牟宗三先生全集②
名家與荀子

《名家與荀子》全集本編校說明 ……………………………… (1)

序 ……………………………………………………………… (3)

惠施與「辯者之徒」之怪說 …………………………………… 1

　第一節　惠施之名理……………………………………………… 1

　第二節　惠施與「辯者之徒」之公孫龍以及〈天下〉篇之
　　　　　怪說二十一事 …………………………………… 20

　第三節　對于「合同異」組之考察 ……………………… 25

　第四節　對于「離堅白」組之考察 ……………………… 36

　附　錄　關于「連環可解」補註 ………………………… 55

公孫龍之名理 ……………………………………………… 61

　小　序 ……………………………………………………… 61

　第一節　引言 ……………………………………………… 62

　第二節　〈名實論〉篇疏解 ……………………………… 69

　第三節　〈白馬論〉篇疏解 ……………………………… 84

　第四節　〈通變論〉篇疏解……………………………… 106

　第五節　〈堅白論〉篇疏解……………………………… 137

才性與玄理

《才性與玄理》全集本編校說明 ……………………… (1)

三版自序 …………………………………………………… (7)

序 …………………………………………………………… (9)

第一章　王充之性命論 …………………………………… 1

　第一節　綜述「用氣爲性」所函之各種特徵……………… 1

　第二節　「氣性」善惡之分解的展示：諸義並立………… 9

　第三節　〈本性篇〉關謬 ………………………………… 27

　第四節　材質主義之命定主義 …………………………… 39

第二章　《人物志》之系統的解析 ……………………… 49

　第一節　「系統的解析」之意義 ………………………… 49

　第二節　《人物志》論人是品鑒的：對於才性的品鑒 …… 50

　第三節　全幅人性的了悟：品鑒的與道德的 …………… 52

　第四節　才性的展示：才性與普遍的道德心性 ………… 54

　第五節　中和之質與偏雜之質：才性之種種姿態或形相——
　　　　　才性人格之層級 ………………………………… 58

　第六節　體別與進德：才性系統不能建立進德之學、進德之
　　　　　學所以可能之超越根據 ………………………… 64

　第七節　《人物志》順才性之品鑒，對於英雄有恰當相應之

　　　　理解，對於聖人無恰當相應之理解 ⋯⋯⋯⋯⋯⋯ 68

　第八節　四理與四明：品鑒與智悟——藝術境界與智悟境界　70

第三章　魏晉名士及其玄學名理 ⋯⋯⋯⋯⋯⋯⋯⋯⋯⋯ 77

　第一節　「名士」一格之出現 ⋯⋯⋯⋯⋯⋯⋯⋯⋯⋯⋯ 77

　第二節　正始名士：玄學名理：以王、何、荀粲爲代表：荀

　　　　　粲之玄遠 ⋯⋯⋯⋯⋯⋯⋯⋯⋯⋯⋯⋯⋯⋯⋯ 82

　第三節　王弼之高致 ⋯⋯⋯⋯⋯⋯⋯⋯⋯⋯⋯⋯⋯⋯ 89

　第四節　王弼《易》學之史迹 ⋯⋯⋯⋯⋯⋯⋯⋯⋯⋯⋯ 98

　第五節　治易之三系：術數系、象數系、義理系：管輅之

　　　　　術數⋯⋯⋯⋯⋯⋯⋯⋯⋯⋯⋯⋯⋯⋯⋯⋯⋯ 104

第四章　王弼玄理之易學 ⋯⋯⋯⋯⋯⋯⋯⋯⋯⋯⋯⋯ 117

　第一節　王弼易學之中心觀念⋯⋯⋯⋯⋯⋯⋯⋯⋯⋯⋯ 117

　第二節　王弼〈乾彖〉「各正性命」解⋯⋯⋯⋯⋯⋯⋯⋯ 121

　第三節　王弼「復其見天地之心」解⋯⋯⋯⋯⋯⋯⋯⋯⋯ 126

　第四節　王弼之〈大衍〉義⋯⋯⋯⋯⋯⋯⋯⋯⋯⋯⋯⋯ 127

　第五節　王、韓之「一陰一陽」解⋯⋯⋯⋯⋯⋯⋯⋯⋯⋯ 134

　第六節　王、韓之「體用、有無」義⋯⋯⋯⋯⋯⋯⋯⋯⋯ 137

　第七節　王弼之「聖人體無」義⋯⋯⋯⋯⋯⋯⋯⋯⋯⋯⋯ 139

　第八節　王弼之「聖人有情」義⋯⋯⋯⋯⋯⋯⋯⋯⋯⋯⋯ 145

第五章　王弼之老學：王弼《老子注》疏解 ⋯⋯⋯⋯⋯ 149

　第一節　有、無、玄，名號與稱謂⋯⋯⋯⋯⋯⋯⋯⋯⋯⋯ 149

第二節　道之主宰性、常存性、先在性…………… 162

第三節　道之自然義………………………………… 166

第四節　綜括前義…………………………………… 171

第五節　道之生成性或實現性：道爲「實現原理」之意義… 180

第六章　向、郭之注《莊》………………………… 195

第一節　注《莊》之故事…………………………… 195

第二節　老莊之同異………………………………… 200

第三節　向、郭之「逍遙」義……………………… 209

第四節　向、郭之「迹冥」論……………………… 216

第五節　向、郭之「天籟」義……………………… 226

第六節　向、郭之「養生」義……………………… 238

第七節　向、郭之「天刑」義……………………… 252

第八節　向、郭之「四門示相」義………………… 260

第七章　魏晉名理正名……………………………… 269

第一節　魏初名理之緣起…………………………… 269

第二節　「名理」一詞是否單可用於才性？……… 277

第三節　「言意之辨」之緣起……………………… 283

第四節　名言能盡意與不能盡意之辨之義理的疏解………… 289

第五節　中國先秦名家之形名、名實與魏晉之名理究有本

　　　　質之意義否？……………………………… 295

第六節　中國先秦名家之名實與魏晉名理之進一步的提煉

　　　　與規定………………………………………… 301

第七節 順唐君毅先生之辨進一解…………………………… 307

第八節 境界形態下主客觀性統一問題…………………………… 318

第九節 「言意境」與「超言意境」：哲學名理與教下名

理之不同，以及其與聖證之不同 …………………… 322

第八章 阮籍之莊學與樂論 ………………………………… 331

第一節 阮籍之風格……………………………………………… 331

第二節 〈達莊論〉與〈大人先生傳〉：對於禮法之反抗… 343

第三節 形而上的天地之和之〈樂論〉………………………… 357

第九章 嵇康之名理 ……………………………………………… 367

第一節 嵇康之風格……………………………………………… 367

第二節 嵇康之〈養生論〉……………………………………… 373

第三節 嵇康之〈釋私論〉……………………………………… 391

第四節 嵇康之〈聲無哀樂論〉：純美的和聲當身之樂論… 400

第十章 自然與名教：自由與道德 …………………………… 415

第一節 浮文妨要與崇尚自然：自由與道德之衝突………… 415

第二節 裴頠之〈崇有論〉……………………………………… 419

第三節 藉黑格爾之言進一解…………………………………… 428

後跋 …………………………………………………………………… 439

牟宗三先生全集③

佛性與般若　上冊

《佛性與般若》全集本編校說明 ……………………… (1)

序 ……………………………………………………………… (3)

第一部　綱領 ……………………………………………… 1

第一章　《大智度論》與《大般若經》 ………………… 3

　第一節　《大般若經》之性格以及其中之法數 ………… 3

　第二節　三智義 ……………………………………… 19

　第三節　十八空義 …………………………………… 42

　第四節　實相，如，法性，實際 …………………… 59

　第五節　般若具足一切法 …………………………… 70

第二章　《中論》之觀法與八不 ………………………… 89

第三章　龍樹之辯破數與時 …………………………… 123

　第一節　關於數目之辯破 …………………………… 127

　第二節　關於時間之辯破 …………………………… 140

　　　甲、不相應行法 ………………………………… 140

　　　乙、龍樹之辯破 ………………………………… 161

第四章 　《大涅槃經》之佛性義 ‥‥‥‥‥‥‥‥‥‥‥ 179

　引　言　‥‥‥‥‥‥‥‥‥‥‥‥‥‥‥‥‥‥‥‥‥ 179
　第一節　《涅槃經》中關於佛性義之種種說 ‥‥‥‥‥‥ 190
　第二節　《涅槃經》之「三德秘密藏」‥‥‥‥‥‥‥‥ 219
　第三節　《涅槃經》之「空不空」與「不空空」‥‥‥‥ 231
　第四節　《涅槃經》之定與不定原則：一切眾生皆可成佛‥
　　　　　‥‥‥‥‥‥‥‥‥‥‥‥‥‥‥‥‥‥‥‥‥ 236
　第五節　三因佛性之遍局問題 ‥‥‥‥‥‥‥‥‥‥‥‥ 244

第二部　　前後期唯識學以及《起信論》
　　　　　與華嚴宗 ‥‥‥‥‥‥‥‥‥‥‥‥‥‥ 263

第一章 　《地論》與《地論》師 ‥‥‥‥‥‥‥‥‥‥‥ 265

第二章 　《攝論》與《攝論》師 ‥‥‥‥‥‥‥‥‥‥‥ 287

　第一節　「界」字之異解 ‥‥‥‥‥‥‥‥‥‥‥‥‥‥ 288
　第二節　出世清淨種之所依止以及其所因而生 ‥‥‥‥‥ 298
　第三節　本性住種與世親的《佛性論》中之理性佛性 ‥‥ 313
　附錄一　《究竟一乘寶性論》‥‥‥‥‥‥‥‥‥‥‥‥ 333
　附錄二　《大乘法界無差別論》‥‥‥‥‥‥‥‥‥‥‥ 337

第三章　眞諦言阿摩羅識 ······················· 347

第一節　眞諦之譯《決定藏論》 ··················· 347

第二節　眞諦所譯之《轉識論》 ··················· 353

第三節　眞諦所譯之《三無性論》 ················· 358

第四節　眞諦之《十八空論》 ····················· 372

第四章　《攝論》與《成唯識論》 ················· 393

第一節　《攝論》之「義識」與其所似現的「相識」與
「見識」之關係：一種七現 ··············· 393

第二節　《辯中邊頌》之本識之變現似塵、根、我、了：
一種七現 ····························· 400

第三節　《解深密經》之一「本現」與六「轉現」以及
世親《唯識三十頌》之「八識現行」 ········ 405

第四節　賴耶體中的種子與識之不一不異 ··········· 413

第五節　簡濫與抉擇 ····························· 421

第五章　《楞伽經》與《起信論》 ················· 433

第一節　《楞伽經》「如來藏藏識」一詞之意義 ······· 433

第二節　《起信論》之「一心開二門」 ··············· 451

第六章　華嚴宗 ······························· 481

第一節　《華嚴經》之大旨 ······················· 481

第二節　眞如心之「不變隨緣隨緣不變」 ··········· 496

牟宗三先生全集④

佛性與般若　下冊

第三部　天台宗之性具圓教 ……………………… 573

第一分　圓教義理之系統的陳述 ……………………… 573

第一章　天台宗之判教 …………………………………… 575

第一節　《法華經》之性格 ……………………… 576
第二節　原初之洞見 …………………………… 599
第三節　五時八教 …………………………… 622
第四節　七種二諦之差異以及其層層升進 ……………… 651

第二章　從無住本立一切法 ……………………… 677

第一節　《維摩經玄義》、《玄疏》論「無住本」 ……… 677
第二節　《金光明經玄義》論「無住本」 …………… 705
第三節　《法華經文句》論「無住本」 …………… 724
第四節　《摩訶止觀》論「一念三千」 …………… 743

第三章　《十不二門指要鈔》之精簡 ……………… 767

第一節　知禮之精簡「一念」 ……………………… 767

第二節　色心不二門 ………………………………………… 787

第三節　修性不二門 ………………………………………… 823

第四節　因果不二門 ………………………………………… 847

第五節　染淨不二門 ………………………………………… 860

第六節　智者《觀音玄義》之言「性德善」與「性德惡」 … 877

第七節　附論荊溪《金剛錍》「無情有性」義 …………… 905

第四章　智者大師之「位居五品」………………………… 919

第一節　「安禪而化，位居五品」 ………………………… 919

第二節　《法華玄義》正解「圓教五品位」 ……………… 930

第三節　《法華玄義》正解「圓教十信位」 ……………… 943

第四節　《法華玄義》正解「圓教十住位」 ……………… 958

第五節　《法華玄義》正解「圓教十行、十迴向、十地
　　　　、等覺、妙覺、諸位」 …………………………… 969

第六節　《法華玄義》明諸圓位之伏斷 …………………… 978

第七節　《法華玄義》明諸圓位之功用以及通諸教言粗妙 … 985

第八節　智者「位居五品兼通六根清淨位」之的義與實義 … 991

八之一　依何標準而言界內三界界外三界？ …………… 996

八之二　界內之見、思、無知如何規定？ ……………… 1001

八之三　界外之見、思、無知如何規定？ ……………… 1003

八之四　界內外之無知所無之知是何種意義之知？
　　　　破後所有之知是何種意義之知？ ……………… 1011

八之五　界外之見、思、無知如何能盡破而至于佛？ …… 1025

八之六　通論智者「位居五品兼通六根清淨位」之的義

牟宗三先生全集⑤

心體與性體(一)

《心體與性體》全集本編校說明 ……………………………… (1)

序 …………………………………………………………………… (5)

第一部　綜論 …………………………………………… 1

第一章　宋明儒學之課題 ………………………………… 3

　　第一節　正名：宋明儒學之定位 …………………………… 3
　　第二節　所謂「新儒學」：新之所以為新之意義 …………… 13
　　第三節　宋、明儒之課題 …………………………………… 21
　　第四節　宋、明儒之分系 …………………………………… 45

第二章　別異與簡濫 ……………………………………… 65

　　第一節　橫渠、明道之言理或天理 ………………………… 65
　　第二節　明道之自體上判儒、佛以及其言天理實體與伊川、
　　　　　　朱子之不同 ………………………………………… 80

第三節　存在之理與形構之理之區別 ……………………… 92

第四節　存在之理與歸納普遍化之理之區別 …………… 105

第三章　自律道德與道德的形上學 ………………… 119

第一節　論道德理性三義 ………………………………… 119

第二節　康德所以只有「道德的神學」而無「道德的形上
　　　　學」之故 ………………………………………… 143

第三節　「道德的形上學」之完成 …………………… 178

第四章　道之本統與孔子對于本統之再建 …………… 197

引　言 ………………………………………………………… 197

第一節　孔子前性字之流行及生、性二字之互用與不互用 … 203

第二節　孔子後言超越意義之性之傳統背景──《詩》、
　　　　《書》中所表現之道德總規與政規 …………… 215

第三節　孔子所以不常言「性與天道」以及子貢所以言「
　　　　不可得而聞」之故 …………………………… 226

第五章　對於葉水心〈總述講學大旨〉之衡定 ………… 235

引　言 ………………………………………………………… 235

第一節　堯與舜：以器知天與人心道心 ……………… 236

第二節　禹與皋陶：〈皋陶謨〉之天叙、天秩、天命、天
　　　　討、天聰明、天明畏 ………………………… 242

第三節　湯與伊尹：〈湯誥〉「降衷、恆性」與《中庸》
　　　　「天命之謂性」 ……………………………… 243

第四節 文王與「無聲無臭」 …………………………… 249

第五節 周公與原始的綜和構造 ………………………… 254

第六節 孔子與仁教 …………………………………… 256

第七節 曾子與「孔子之傳統」兼論忠恕一貫 ………… 269

第八節 孟子之開德與言治 …………………………… 291

第九節 《易傳》與周、張、二程 …………………… 311

第二部 分論一 濂溪與橫渠 ………………… 335

第一章 周濂溪對于道體之體悟 ……………………… 337

引 言 ……………………………………………… 337

第一節 濂溪《通書》(《易通》)選章疏解 ………… 340

第一段 以誠體合釋乾道 …………………………… 340

第二段 誠體與寂感眞幾 …………………………… 347

第三段 聖道、師道(變化氣質)與聖功 ………… 351

第四段 誠體之神與太極之理 ……………………… 362

第五段 結語:濂溪之造詣與不足 ………………… 374

第二節 關于〈太極圖說〉 ………………………… 375

第一段 「無極而太極,太極動而生陽」解 ……… 375

第二段 「太極動而生陽」之確義 ………………… 382

第三段 朱子理會「太極之理」之偏差 …………… 387

第四段 對于評斥朱子理氣爲二者之衡定 ………… 409

第五段 象山疑〈太極圖說〉之非是 ……………… 424

第二章　張橫渠對于「天道性命相貫通」之展示 ……………… 437

引　言 ……………………………………………………………… 437

第一節　《正蒙·太和篇第一》疏解：道體義疏解 …………… 459

　第一段　「太和所謂道」：氣與神 …………………………… 459

　第二段　太虛與氣 ……………………………………………… 465

　第三段　「聚亦吾體，散亦吾體」：並論「兼體無累」義 … 468

　第四段　太虛即氣：體用不二之圓融論並辨佛老之「體
　　　　　用」義 ………………………………………………… 480

　第五段　體用不二下之「無非教也」 ………………………… 488

　第六段　離明得施不得施之本體宇宙論的意義 ……………… 490

　第七段　太虛即氣之體用圓融義與清氣之質性之分別 … 492

　第八段　鬼神之神與太虛神體之神之不同 ………………… 500

第二節　「合虛與氣有性之名」：性體義疏解 ……………… 511

　第一段　言虛言道皆結穴于性 ……………………………… 511

　第二段　性之名之所以立 …………………………………… 513

　第三段　性體之具體意義與具體內容 ……………………… 516

　第四段　由「兼體」與「合兩」以明性體寂感之神… 519

　第五段　性善命正：「義命合一存乎理」 ………………… 527

　第六段　天地之性與氣質之性 ……………………………… 531

　第七段　化氣繼善以成性 …………………………………… 536

　第八段　「以理言」之命與「以氣言」之命 ……………… 548

第三節　「合性與知覺有心之名」：心體義疏解 ………… 556

　第一段　心之名之所以立 …………………………………… 556

牟宗三先生全集⑥

心體與性體㈡

第三部　分論二　明道、伊川與胡五峰 ………… 1

第一章　程明道之一本論 ……………………… 3

引　言 …………………………………………… 3

第一節　天道篇 ………………………………… 23

第二節　天理篇 ………………………………… 58

　　　　附識：明道言第二義之天理 …………… 86

第三節　辨佛篇 ………………………………… 92

第四節　一本篇 ………………………………… 98

　　　　附識：黃宗羲對于「天命流行之體」之誤解 …… 126

第五節　生之謂性篇 …………………………… 146

　　　　附識：

　　　　　一、伊川論「生之謂性」 …………… 180

　　　　　二、朱子論「生之謂性」 …………… 182

　　　　　三、象山少說性以及其關于孟子與告子論性處

　　　　　　　之態度 ……………………………… 197

　　　　　四、陽明論「生之謂性」 …………… 209

　　　　五、劉蕺山之涉及告子 …………………… 225

　第六節　識仁篇 ……………………………… 231

　第七節　〈定性書〉：答橫渠先生 …………… 247

　第八節　聖賢氣象篇：對於聖賢人格之品題 ………… 259

第二章　程伊川的分解表示 ……………………… 265

　引　言 ………………………………………… 265

　第一節　理氣篇 ……………………………… 273

　第二節　性情篇 ……………………………… 290

　第三節　氣稟篇 ……………………………… 325

　第四節　才性篇 ……………………………… 345

　第五節　論心篇 ……………………………… 348

　第六節　中和篇 ……………………………… 367

　第七節　居敬集義篇 ………………………… 402

　第八節　格物窮理篇 ………………………… 407

　　　　附論：明道言格物 ………………… 426

第三章　胡五峰之《知言》 ……………………… 445

　引　言 ………………………………………… 445

　第一節　即事明道，道無不在 ……………… 451

　第二節　首點心之大與久以明心與性之關係 ………… 453

　第三節　盡心以成性：性為自性原則，心為形著原則 …… 463

　第四節　天理人欲同體異用 ………………… 471

　第五節　心之遍在 …………………………… 476

牟宗三先生全集⑦

心體與性體㈢

第四部　分論三　朱子 ……………………………… 1

第一章　朱子三十七歲前之大體傾向 ……………………… 3

第一節　二十四歲初見延平：綜述延平學之大端 …………… 3

第二節　二十九歲再見延平：此時之〈存齋記〉之思想 …… 35

第三節　三十一歲始受學于延平：由延平定其入路 ………… 39

第四節　綜論朱子三十七歲前之大體傾向以及此後其成熟

　　　　之義理系統之形態 ………………………………… 50

第二章　朱子參究中和問題之發展 ………………………… 81

第一節　三十七歲時之中和舊說二書 ……………………… 81

第二節　三十七歲時舊說下之浸潤與議論 ………………… 104

第三節　三十八歲往潭州晤南軒時之議論 ………………… 128

第四節　三十九歲時舊說下之浸潤與議論以及以南軒

　　　　〈艮齋銘〉爲宗旨 ………………………………… 136

第五節　中和新說之發端與完成 …………………………… 146

第六節　王懋竑認新說「亦多未定之論」之非是 ………… 172

第三章　中和新說下之浸潤與議論 ……………………… 197

第一節　四十歲時之浸潤與議論 ………………………… 197

第二節　四十一、二、三歲時之浸潤與議論 ……………… 215

第三節　〈中和舊說序〉之回顧與道說經過兼論朱子
　　　　與延平之異同 ……………………………………… 226

第四節　新說後關于持守、居敬、主靜工夫之定論 ……… 241

附錄：《朱子語類》卷第十二，學六：論持守、居靜
　　　　與主靜 ……………………………………………… 241

第四章　中和新說後關于〈仁說〉之論辨 ……………… 255

第一節　引言：明道與伊川理解仁之綱領 ……………… 255

第二節　〈仁說〉之分析 ………………………………… 261

第三節　與張南軒論〈仁說〉 …………………………… 287

第四節　與胡廣仲等論「觀過知仁」與「先知後行」之
　　　　問題 ………………………………………………… 332

第五章　中和新說與〈仁說〉後以《大學》爲規模 ……… 393

第一節　論知行 …………………………………………… 393

第二節　論明德 …………………………………………… 407

第三節　論致知格物 ……………………………………… 426

牟宗三先生全集⑧

從陸象山到劉蕺山

《從陸象山到劉蕺山》全集本編校說明 ⋯⋯⋯⋯⋯⋯⋯⋯ (1)

序 ⋯⋯⋯⋯⋯⋯⋯⋯⋯⋯⋯⋯⋯⋯⋯⋯⋯⋯⋯⋯⋯⋯⋯⋯⋯ (3)

第一章 象山之「心卽理」⋯⋯⋯⋯⋯⋯⋯⋯⋯⋯⋯⋯⋯ 1

　第一節 綜述 ⋯⋯⋯⋯⋯⋯⋯⋯⋯⋯⋯⋯⋯⋯⋯⋯⋯⋯ 1
　第二節 年譜各重要階段之簡述 ⋯⋯⋯⋯⋯⋯⋯⋯⋯⋯ 20
　第三節 論學書選錄 ⋯⋯⋯⋯⋯⋯⋯⋯⋯⋯⋯⋯⋯⋯⋯ 33
　第四節 語錄選錄 ⋯⋯⋯⋯⋯⋯⋯⋯⋯⋯⋯⋯⋯⋯⋯⋯ 54

第二章 象山與朱子之爭辯 ⋯⋯⋯⋯⋯⋯⋯⋯⋯⋯⋯ 65

　第一節 象山鵝湖之會詩乃孟子學之表現——
　　　　本體論的直貫與認識論的橫列 ⋯⋯⋯⋯⋯⋯⋯ 66
　第二節 尊德性與道問學之切義：
　　　　直貫形態與靜涵形態 ⋯⋯⋯⋯⋯⋯⋯⋯⋯⋯⋯ 75
　第三節 朱子方面之心態與反應：
　　　　「中和舊說」下之儱侗光景 ⋯⋯⋯⋯⋯⋯⋯⋯ 82
　第四節 中和新說之大義 ⋯⋯⋯⋯⋯⋯⋯⋯⋯⋯⋯⋯ 93
　第五節 中和新說後之發展 ⋯⋯⋯⋯⋯⋯⋯⋯⋯⋯⋯ 109

王陽明致良知教

《王陽明致良知教》全集本編校說明 ……………………… (1)

引　言 ……………………………………………………… 1

第一章　致知格物窮理盡性 ……………………………… 13

第二章　知行合一 ………………………………………… 29

第三章　致知疑難 ………………………………………… 41

第四章　良知與中和 ……………………………………… 43

第五章　工夫指點 ………………………………………… 53

第六章　何思何慮 ………………………………………… 71

第七章　對越上帝 ………………………………………… 89

蕺山全書選錄

《蕺山全書選錄》全集本編校說明 ……………………………… (1)

前言：年譜學思略歷 …………………………………………… 1

第一卷　《劉子全書》卷一·語類一·〈人譜〉 …………… 9

　甲、〈人譜正篇〉…………………………………………… 9
　　一、〈人極圖〉…………………………………………… 9
　　二、〈人極圖說〉………………………………………… 9
　乙、〈人譜續篇二〉………………………………………… 11
　　證人要旨 …………………………………………………… 11
　丙、〈人譜續篇三〉………………………………………… 15
　　一、紀過格 ………………………………………………… 16
　　二、訟過法 ………………………………………………… 19
　　三、改過說一 ……………………………………………… 21
　　　改過說二 ………………………………………………… 22
　　　改過說三 ………………………………………………… 23

第二卷　《劉子全書》卷二·語類二·〈讀易圖說〉 …… 29

　一、自序 ……………………………………………………… 29
　二、〈易衍〉第七章 ………………………………………… 29

三、〈易衍〉第八章 ……………………………………… 30

第三卷 《劉子全書》卷七・語類七・〈原旨〉（七篇）… 33

一、原心 ………………………………………………… 33

二、原性 ………………………………………………… 34

三、原道上 ……………………………………………… 35

四、原道下 ……………………………………………… 36

五、原學上 ……………………………………………… 37

六、原學中 ……………………………………………… 38

七、原學下 ……………………………………………… 40

第四卷 《劉子全書》卷八・語類八・說〔二十四首，

錄以下四首〕 ………………………………………… 43

一、中庸首章說（一作〈天命章說〉） ……………… 43

二、氣質說 ……………………………………………… 46

三、治念說 ……………………………………………… 47

四、良知說 ……………………………………………… 48

第五卷 《劉子全書》卷十、十一、十二・語類十、十一、

十二・〈學言上、中、下〉 ………………………… 51

一、〈學言上〉〔共錄33條〕 ………………………… 51

二、〈學言中〉〔共錄26條〕 ………………………… 59

六、解六…………………………………………………… 115

七、解七…………………………………………………… 115

八、解八…………………………………………………… 115

九、解九…………………………………………………… 116

十、解十…………………………………………………… 116

十一、解十一……………………………………………… 116

十二、解十二……………………………………………… 117

十三、解十三……………………………………………… 117

十四、解十四……………………………………………… 117

十五、解十五……………………………………………… 117

十六、解十六……………………………………………… 118

十七、解十七……………………………………………… 119

十八、解十八……………………………………………… 120

十九、解十九……………………………………………… 120

二十、解二十……………………………………………… 121

二十一、解二十一………………………………………… 121

二十二、解二十五………………………………………… 122

（略三則）

二十三、解四……………………………………………… 124

二十四、解五……………………………………………… 125

二十五、解六……………………………………………… 125

二十六、解十三…………………………………………… 126

二十七、解十四…………………………………………… 126

牟宗三先生全集⑨

道德的理想主義

《道德的理想主義》全集本編校說明 ……………………… (1)

修訂版序 …………………………………………………… (3)

序 …………………………………………………………… (5)

儒家學術之發展及其使命 ………………………………… 1

理性的理想主義 …………………………………………… 17

道德的理想主義與人性論 ………………………………… 31

理想主義的實踐之函義 …………………………………… 51

闢共產主義者的「矛盾論」 ……………………………… 89

闢共產主義者的「實踐論」 ……………………………… 119

論無人性與人無定義 ……………………………………… 149

自由與理想 ………………………………………………… 175

人文主義的基本精神 ……………………………………… 195

人文主義的完成 …………………………………………… 205

論「上帝隱退」 …………………………………………… 241

世界有窮願無窮 …………………………………………… 263

反共救國中的文化意識 …………………………………… 293

關於文化與中國文化 ……………………………………… 317

附錄一：《理性的理想主義》序言 ……………………… 339

附錄二：歷史必然中的未來 ……………………………… 341

歷史哲學

《歷史哲學》全集本編校說明 ……………………………… (1)

三版自序 …………………………………………………… (5)

增訂版自序 ………………………………………………… (15)

自序 ………………………………………………………… (19)

第一部　夏商周 ……………………………………………… 1

第一章　國史發展中觀念之具形與氏族社會 ………………… 3

　　第一節　觀念之具形 ………………………………… 3

　　第二節　氏族社會 …………………………………… 18

第二章　周文之函義 …………………………………… 35

　　第一節　周文之形成與宗法社會 …………………… 35

　　第二節　政治等級與治權民主 ……………………… 45

第三章　平等與主體自由之三態 ……………………… 61

　　第一節　分位之等之價值觀念為中國文化生命之特徵 ……… 61

　　第二節　黑格爾論東方：印度之階級與中國之統一 ………… 65

　　第三節　東西兩民族之生活原理之基本不同 ……………… 73

　　第四節　黑格爾所了解者並非全無理 ……………… 77

第五節　中國所缺者為國家政治法律一面的主體自由 ……… 81

第六節　中國所具備者為道德的主體自由與藝術性的主體

　　　　自由 ………………………………………………… 84

第七節　結語：人格世界之普遍性與個體性 ………………… 91

第二部　　春秋戰國秦 ………………………… 95

第一章　五霸與孔子 …………………………………… 97

第一節　桓公與管仲之尊王攘夷 …………………………… 97

第二節　通體是仁心德慧之孔子 …………………………… 103

第二章　戰國與孟荀 …………………………………… 117

第一節　井田制破壞後之政治形態與戰國之純物量的精神

　　　　…………………………………………………… 117

第二節　全幅是精神通體是光輝表現「道德精神主體」之

　　　　孟子 ……………………………………………… 131

第三節　通體是禮義表現「知性主體」之荀子 …………… 139

第三章　秦之發展與申韓 …………………………… 149

第一節　秦之發展及其物量數量之精神 ………………… 149

第二節　佛老申韓之生心害政 …………………………… 160

第三部　楚漢相爭：綜論天才時代 ………… 171

第一章　天才時代之來臨 ……………………………… 173

第一節　天才人物 ……………………………………… 173

第二節　天才的宇宙與理性的宇宙 ………………… 182

第二章　綜和的盡理之精神之歷史文化的意義 …………… 189

第一節　中國文化生命裡所湧現的觀念形態 ………… 189

第二節　綜和的盡理之精神與分解的盡理之精神 ………… 192

第三節　概念的心靈與智之直覺形態及知性形態：中國所
　　　　以不出現邏輯數學科學之故 ………………… 200

第四節　階級對立與道德價值觀念所引生之平等及英雄盡
　　　　氣所引生之打天下：中國過去所以不出現民主政
　　　　治之故，所以未出現近代化國家政治法律之故… 208

第五節　中國文化之未來及中西文化自然諧一之遠景 …… 216

第三章　綜和的盡氣之精神之歷史文化的意義 …………… 221

第一節　打天下之觀念：打天下之精神不是事功之精神 … 221

第二節　一治一亂之循環性 ………………………… 224

第三節　只有革命而無變法 ………………………… 231

第四節　氣節之士以及所謂士氣 …………………… 240

第五節　暴戾之氣與慘酷 …………………………… 243

第六節　軟性之物化與風流清談 ……………………………… 246

第七節　治國安邦以天下爲己任之儒者，其用心之形態與

限度 ……………………………………………………… 249

第四部　西漢二百年：理性之超越表現時期　265

第一章　蕭規曹隨，躬修玄默 ………………………………… 267

第一節　蕭曹文景 ………………………………………………… 267

附論賈誼 ………………………………………………… 276

第二節　漢初之封建及此問題之意義 ………………………… 284

第二章　仲舒對策，漢武更化 ………………………………… 295

第一節　武帝之性格與董仲舒之文化運動 ………………… 295

第二節　理性之超越表現 ……………………………………… 313

第三章　更化後有關文獻摘錄 ………………………………… 323

第一節　儒士與巧慧之士 ……………………………………… 323

第二節　儒術與法吏 …………………………………………… 326

第三節　儒學與禪讓 …………………………………………… 335

第五部　東漢二百年：理性之內在表現時期　347

附錄：

牟宗三先生全集⑩

政道與治道

《政道與治道》全集本編校說明 ……………………………… (1)

新版序 ……………………………………………………… (3)

序 ………………………………………………………… (37)

第一章　政道與治道 ………………………………………… 1

　一、論封建貴族政治與君主專制政治之取天下 ……………… 1

　二、論世襲制之爲政道 ……………………………… 5

　三、論〈禮運〉篇所記孔子大同小康之說 ……………… 10

　四、孟荀及此後諸儒之觀念 ………………………………… 14

　五、「立千年人極」之義理規模 ……………………………… 21

第二章　論中國的治道 ……………………………………… 29

　一、引　言 ………………………………………………… 29

　二、儒家的德化的治道 …………………………………… 30

　三、道家的道化的治道 …………………………………… 36

　四、法家的物化的治道 …………………………………… 41

第三章　理性之運用表現與架構表現 ……………………… 49

　一、空無所有 ………………………………………… 49

　二、理性之運用表現 ………………………………… 51

　三、理性之架構表現 ………………………………… 57

　四、如何從運用表現轉出架構表現 ………………… 61

第四章　論政治神話之根源 ………………………… 69

　一、引　言 …………………………………………… 69

　二、立體力量之創造性、理想性與神性性 ………… 72

　三、生命強度之立體力量之向上超越性：

　　　超越性之純淨化而為宗教──聖賢人格之重要；

　　　超越性之感覺化限定化而為神話乃至政治神話──英雄人格

　　　之重要 ………………………………………… 77

第五章　論政治神話之形態 ………………………… 87

　一、古代英雄主義的形態 …………………………… 87

　二、近代集體主義的形態 …………………………… 92

第六章　論政治神話與命運及預言 ………………… 101

　一、聖人的使命感與英雄人物的使命感 …………… 101

　二、宗教家的預言與政治上極權英雄人物的預言 ……… 107

第七章　政治如何能從神話轉為理性的 ………………… 117

　一、政治科學的不穩定性 …………………………… 117

二、政治實踐之堅實可靠的基礎在哪裡？社會世界之落實
　　而定常不移的律則在哪裡？ ……………………………… 122

三、理性之內容的表現 ………………………………………… 128

四、政治與敎化之限度以及政治與道德之分際 …………… 136

第八章　理性之內容的表現與外延的表現 ………………… 143

　甲　理性之內容的表現之妙處與缺處 ……………………… 143

　　一、內容表現之妙處 ……………………………………… 143

　　二、從「得天下」方面說明內容表現之不足 …………… 146

　　三、從「治天下」方面說明內容表現之不足：「人存政舉
　　　，人亡政息」 ………………………………………… 149

　　四、「唯仁者宜在高位」一觀念之函義：治者擔負過重… 152

　　五、結語與附識 …………………………………………… 155

　乙　理性之外延的表現 ……………………………………… 157

　　一、使用內容外延兩詞之說明 …………………………… 157

　　二、「外延表現」之現實的因緣：階級鬥爭之理想主義的
　　　解析 …………………………………………………… 160

　　三、在上帝面前人人平等：「超越的平等性」之肯定 … 163

　　四、自然法與人權運動：「內在的平等性」之實現 …… 166

　　五、外延表現之成就 ……………………………………… 170

　　六、外延表現之缺處 ……………………………………… 173

　　七、本文之目的以及對於「政治如何能從神話轉爲理性的
　　　」中之「如何」之說明 …………………………… 176

第九章　社會世界實體性的律則與政治世界規約性的律則

　　‥‥‥‥‥‥‥‥‥‥‥‥‥‥‥‥‥‥‥‥‥‥‥‥‥ 179

　上篇　顧、黃、王諸儒之理想‥‥‥‥‥‥‥‥‥‥‥‥‥ 179

　　一、序言：實體性的律則與規約性的律則‥‥‥‥‥‥‥ 179

　　二、《待訪錄》中之〈原君〉‥‥‥‥‥‥‥‥‥‥‥‥ 180

　　三、《待訪錄》中之〈原法〉‥‥‥‥‥‥‥‥‥‥‥‥ 184

　　四、《日知錄》中之論〈法制〉‥‥‥‥‥‥‥‥‥‥‥ 188

　　五、《待訪錄》中之論〈學校〉‥‥‥‥‥‥‥‥‥‥‥ 193

　　六、《黃書》中之〈原極〉‥‥‥‥‥‥‥‥‥‥‥‥‥ 198

　　七、《黃書》中之〈古儀〉‥‥‥‥‥‥‥‥‥‥‥‥‥ 205

　　八、《日知錄》中之論〈藩鎮〉‥‥‥‥‥‥‥‥‥‥‥ 212

　　九、明末顧、黃、王諸大儒理想之歪曲與延續‥‥‥‥‥ 220

　下篇　葉適、陳亮論有宋一代立國之格局‥‥‥‥‥‥‥‥ 224

　　序言‥‥‥‥‥‥‥‥‥‥‥‥‥‥‥‥‥‥‥‥‥‥‥ 224

　　一、葉水心論宋立國之格局‥‥‥‥‥‥‥‥‥‥‥‥‥ 226

　　二、陳同甫論宋立國之格局‥‥‥‥‥‥‥‥‥‥‥‥‥ 234

第十章　道德判斷與歷史判斷‥‥‥‥‥‥‥‥‥‥‥‥‥‥ 245

　序言‥‥‥‥‥‥‥‥‥‥‥‥‥‥‥‥‥‥‥‥‥‥‥‥ 245

　上篇　陳同甫的觀念及其所代表的境界‥‥‥‥‥‥‥‥‥ 246

　　一、論同甫與足以見同甫者原料摘錄‥‥‥‥‥‥‥‥‥ 246

　　二、與朱子往復論漢唐原書摘錄‥‥‥‥‥‥‥‥‥‥‥ 250

　下篇　疏通朱陳所爭論之問題之意義：道德判斷與歷史判

　　　　斷之綜和之義理規模‥‥‥‥‥‥‥‥‥‥‥‥‥‥ 263

引　言　綜述同甫之大意……………………………………… 263

一、生命之創造性……………………………………………… 266

二、生命外冒不經理性之自覺：程朱所謂「暗合」之切義

　　………………………………………………………………… 266

三、生命之爲「非理性的」之積極的意義…………………… 267

四、朱子純以主觀道德論英雄：不能正視生命之獨特處… 267

五、主觀道德與客觀功業之矛盾相…………………………… 268

六、生命與理性之矛盾之克服：主觀的克服………………… 269

七、生命與理性之矛盾之客觀的克服………………………… 271

八、陳同甫只是英雄主義：只落於生命強度之實然狀態中

　　………………………………………………………………… 271

九、「九轉丹砂，點鐵成金」所以可能之根據：同甫是從

　　生命立場上，直下平鋪，教人承認凡是英雄皆有價值

　　：此只是英雄主義、直覺主義，此不足以言點化…… 273

十、就「九轉丹砂」以言點化之曲折：「天地無棄物，四

　　時無剩運」之切義與眞實義………………………………… 275

十一、生命之原始價值與升舉轉化中之價值：引進歷史判

　　　斷以眞實化歷史………………………………………… 276

十二、朱子具備「九轉丹砂」之第一步：道德判斷與批判

　　　的鑒別，理性本體只停於知性之抽象階段中：知性

　　　與直覺之對立…………………………………………… 278

十三、宋明儒對于歷史大體只具備道德判斷：理性只停于

　　　知性之抽象階段中……………………………………… 280

十四、對于政治與歷史作積極的思量：不自英雄與聖賢之

牟宗三先生全集⑪
邏輯典範

《邏輯典範》全集本編校說明 ………………………………… (1)

前序 …………………………………………………………… (3)

第一卷　邏輯哲學 ……………………………………… 1

第一章　邏輯領域 ………………………………………… 5

第二章　邏輯當以命題表達理則爲對象 ………………… 15

第三章　命題之內的意義與外的意義 …………………… 25

第四章　邏輯意義 ………………………………………… 35

第五章　兩個標準 ………………………………………… 45

第六章　亞氏邏輯之各部門 ……………………………… 57

第七章　主謂式與本體屬性 ……………………………… 77

第八章　第一原則與傳統邏輯 …………………………… 85

第九章　邏輯三歧途 ……………………………………… 99

第十章　邏輯獨立論 ……………………………………… 127

第十一章　思與有 ………………………………………… 137

第十二章　邏輯中之二分法 ……………………………… 145

㈥絕對邏輯 ⋯⋯⋯⋯⋯⋯⋯⋯⋯⋯⋯⋯⋯ 218

㈦論必然 ⋯⋯⋯⋯⋯⋯⋯⋯⋯⋯⋯⋯⋯ 221

六、關係的還原 ⋯⋯⋯⋯⋯⋯⋯⋯⋯⋯⋯ 224

㈠第一步還原 ⋯⋯⋯⋯⋯⋯⋯⋯⋯⋯⋯ 224

㈡第二步還原 ⋯⋯⋯⋯⋯⋯⋯⋯⋯⋯⋯ 227

第二分　真妄值之推演：縱的系統 ⋯⋯⋯⋯⋯⋯ 233

一、本系統之基本條件 ⋯⋯⋯⋯⋯⋯⋯⋯⋯ 233

㈠原始觀念 ⋯⋯⋯⋯⋯⋯⋯⋯⋯⋯⋯⋯ 233

㈡基本定義 ⋯⋯⋯⋯⋯⋯⋯⋯⋯⋯⋯⋯ 235

㈢五函值 ⋯⋯⋯⋯⋯⋯⋯⋯⋯⋯⋯⋯⋯ 235

㈣原始命題 ⋯⋯⋯⋯⋯⋯⋯⋯⋯⋯⋯⋯ 245

㈤推斷原則 ⋯⋯⋯⋯⋯⋯⋯⋯⋯⋯⋯⋯ 249

二、承前之推演系統 ⋯⋯⋯⋯⋯⋯⋯⋯⋯⋯ 251

三、不相容系統 ⋯⋯⋯⋯⋯⋯⋯⋯⋯⋯⋯⋯ 277

附錄　論函蘊 ⋯⋯⋯⋯⋯⋯⋯⋯⋯⋯⋯⋯⋯⋯ 303

第三卷　質量系統

第一分　推概命題之組織與推演 ⋯⋯⋯⋯⋯⋯⋯ 345

一、個體、任何、徧行與偏及 ⋯⋯⋯⋯⋯⋯ 345

㈠略解 ⋯⋯⋯⋯⋯⋯⋯⋯⋯⋯⋯⋯⋯⋯ 345

㈡個體 ⋯⋯⋯⋯⋯⋯⋯⋯⋯⋯⋯⋯⋯⋯ 346

㈢任何 ……………………………………………… 347

㈣徧行與偏及 …………………………………… 348

二、函數與命題函值 …………………………… 350

㈠函數 ……………………………………………… 350

㈡命題函值 ……………………………………… 352

㈢命題函值之構造 ……………………………… 353

㈣徧行與偏及之關係，《算理》中存在之思想 …… 356

三、函一似變之命題 …………………………… 359

㈠原始觀念 ……………………………………… 359

㈡基本定義 ……………………………………… 359

㈢原始命題 ……………………………………… 364

㈣推演系統 ……………………………………… 368

㈤函一似變命題之效用 ………………………… 373

四、函二似變之命題 …………………………… 375

㈠定義 ……………………………………………… 375

㈡原始命題 ……………………………………… 375

㈢推演系統 ……………………………………… 375

㈣函二似變命題之效用 ………………………… 378

第二分　推概命題之主謂式系統Ⅰ：直接推理 …… 381

一、主謂式與命題函值 ………………………… 381

㈠意義 ……………………………………………… 381

㈡成分 ……………………………………………… 385

㈢關係 ……………………………………………… 389

二、主謂式之根本原則 ……………………………… 396

　㈠質量原則 …………………………………… 396

　㈡周延原則 …………………………………… 401

　㈢存在原則 …………………………………… 403

三、A, E, I, O 的說法 ……………………………… 406

　㈠否定、矛盾、無定與相反 ………………… 406

　㈡A, E, I, O 之正當說法 …………………… 409

　㈢謂詞量化說的批評 ………………………… 411

四、A, E, I, O 的四角關係 ………………………… 414

　㈠A 與 E ……………………………………… 414

　㈡I 與 O ……………………………………… 416

　㈢A 與 O；E 與 I …………………………… 417

　㈣A 與 I；E 與 O …………………………… 419

　㈤四角圖 ……………………………………… 421

五、A, E, I, O 的直接推理 ………………………… 422

　㈠出體徵數 …………………………………… 422

　㈡五種引申 …………………………………… 424

　㈢㈥、㈦兩種之意義之考察 ………………… 428

　㈣結成 ………………………………………… 434

六、八式系統 ………………………………………… 435

　㈠主詞肯定式之關係的解析 ………………… 435

　㈡主詞否定式之關係的解析 ………………… 437

　㈢內指外指的八角關係 ……………………… 439

　㈣內指外指的直接推理 ……………………… 440

附錄　主詞存在與否之意義……………………………… 443

第三分　推概命題之主謂式系統Ⅱ：間接推理 …………… 463

　一、關於三段法式 ……………………………………… 463

　　㈠意義 ………………………………………………… 463

　　㈡不與歸納爲同伴 …………………………………… 465

　　㈢布拉得賴論推理 …………………………………… 467

　　㈣不涉端項及心理過程 ……………………………… 471

　　㈤丐題與證明 ………………………………………… 474

　　㈥亞氏論丐題 ………………………………………… 476

　　㈦丐題與歸納 ………………………………………… 481

　　㈧生理推斷與邏輯推斷 ……………………………… 485

　　㈨推理是根本的 ……………………………………… 489

　　㈩三段法式的規律 …………………………………… 493

　二、三段法式之鋪陳 …………………………………… 496

　　㈠四格與規律 ………………………………………… 496

　　㈡四格中俱不能得結論之前提 ……………………… 498

　　㈢八個能得結論的前提中某幾個在某某格何以不能

　　　得結論 ……………………………………………… 500

　　㈣還原術 ……………………………………………… 502

　　㈤不相容式 …………………………………………… 505

　　㈥四格之有機的發展 ………………………………… 509

　三、假言推理 …………………………………………… 513

　　㈠意義 ………………………………………………… 513

第四卷　邏輯數學與純理

㈡意識之純直覺的考察 …………………………………… 611

㈢句法的邏輯觀：數學之關係基礎 ……………………… 613

㈣純理的邏輯觀：數學之純理基礎 ……………………… 616

二、附錄：康德的數學論 …………………………………… 621

三、序次與法則 ……………………………………………… 634

㈠序次之哲學的討論 ……………………………………… 634

㈡序次之純理觀 …………………………………………… 636

㈢序次不可以關係推求而得 ……………………………… 638

㈣法則之純理觀 …………………………………………… 641

㈤代替與綜和 ……………………………………………… 645

㈥公理主義之批評 ………………………………………… 648

㈦數而上學 ………………………………………………… 654

㈧一個系統 ………………………………………………… 660

四、無窮與連續 ……………………………………………… 664

㈠連續與連續體 …………………………………………… 664

㈡數學的連續 ……………………………………………… 666

㈢極限，分類，大小 ……………………………………… 669

㈣連續爲先在的原有的 …………………………………… 673

第三分　超越的辨證與內在的矛盾 ………………………… 679

一、超越的辨證論 …………………………………………… 679

㈠理性與理解 ……………………………………………… 679

㈡反背論 …………………………………………………… 685

㈢衝突的產生與解答 ……………………………………… 693

牟宗三先生全集⑫
理 則 學

《理則學》全集本編校說明 ……………………………… (1)

序 …………………………………………………………… (3)

第一部　傳統邏輯 ……………………………… 1

第一章　論概念 ……………………………………… 3

　　第一節　概念底意義 ………………………………… 3
　　第二節　共相、殊相、類 …………………………… 6
　　第三節　五謂與定義 ………………………………… 12
　　第四節　概念底內容與外延 ………………………… 17

第二章　論命題 ……………………………………… 21

　　第一節　命題底分類 ………………………………… 21
　　第二節　主謂式底命題與關係式底命題 …………… 25
　　第三節　分析命題與綜和命題 ……………………… 28
　　第四節　存在命題與非存在命題 …………………… 30

第五節　內容命題與外延命題 ……………………………………… 33

第三章　AEIO 底構造及其對當關係 ……………………………… 39

第一節　AEIO 底構造及其說明 ………………………………… 39
第二節　存在公理與 AEIO 底對當關係 ……………………… 48

第四章　周延原則與 AEIO 底直接推理 ………………………… 59

第一節　周延原則 ………………………………………………… 59
第二節　七種直接推理 ………………………………………… 62
第三節　對偶性原則與換主之質之考察 …………………… 68

第五章　正稱與反稱的 AEIO：八種關係 …………………… 75

第一節　開列八種關係底進路 ……………………………… 75
第二節　八種關係底說明 …………………………………… 77

第六章　二分法與思想律 ……………………………………… 89

第一節　二分法 ………………………………………………… 89
第二節　思想律 ………………………………………………… 95
第三節　對於思想律的非難 ………………………………… 99

第七章　間接推理之一：三段推理 ………………………… 105

第一節　三段推理底格與式 ……………………………… 105
第二節　曲全公理與還原術 ……………………………… 116
第三節　存在公理與三段式底兩種基型 …………… 121

第四節　不一致的三支式 ……………………………………… 128

第八章　間接推理之二：假然推理及其他 ……………… 135

第一節　假然推理 ………………………………………… 135
第二節　析取推理 ………………………………………… 142
第三節　兩難推理 ………………………………………… 146

第二部　符號邏輯 ………………………………… 151

第九章　邏輯代數 …………………………………………… 153

第一節　綜述此系統底基本特性 ………………………… 153
第二節　推演系統底基本觀念、定義與設準 …………… 160
第三節　承前的推演系統 ………………………………… 165
第四節　在傳統邏輯方面的應用 ………………………… 190

第十章　眞值函蘊系統 ……………………………………… 201

第一節　綜述此系統底基本特性 ………………………… 201
第二節　推演系統 ………………………………………… 211
第三節　綜論眞值函蘊之特性 …………………………… 229

第十一章　嚴格函蘊系統 ………………………………… 239

第一節　此系統底淵源及其基本概念 …………………… 239
第二節　嚴格函蘊底演算 ………………………………… 245

理則學簡本

《理則學簡本》全集本編校說明 ……………………………… (1)

一、引言 ………………………………………………………… 1

二、概念論 ……………………………………………………… 3

　㈠共相與殊相 ………………………………………………… 4

　㈡五謂與定義 ………………………………………………… 6

　㈢概念之內容與外延 ………………………………………… 9

三、命題論 ……………………………………………………… 11

　㈠命題的分類 ………………………………………………… 11

　㈡AEIO 的構造及其對當關係 ……………………………… 16

四、AEIO 的直接推理 ………………………………………… 23

五、AEIO 的關係的解析——八種關係 ……………………… 33

六、二分法與思想律 …………………………………………… 39

七、間接推理 …………………………………………………… 45

　㈠間接推理之一——三段推理 ……………………………… 45

　㈡間接推理之二——假然推理 ……………………………… 53

　㈢間接推理之三——析取推理或選言推理 ………………… 55

牟宗三先生全集⑬

康德「純粹理性之批判」 上冊

《康德「純粹理性之批判」》全集本編校說明 ················· ⑴

上冊二版改正誌言 ································· ⑸

譯者之言 ····································· ⒄

第一版　序言 ································· 1

第二版　序言 ································· 15

引　論 ······································ 49

　Ⅰ　純粹知識與經驗知識間的區別 ················· 49

　Ⅱ　我們實有一些先驗的知識，甚至通常的理解亦決不能沒
　　　有之 ································· 53

　Ⅲ　哲學需要有一種學問此一學問將決定一切先驗知識底可
　　　能、原則與範圍 ····················· 60

　Ⅳ　分析判斷與綜和判斷間的區別 ················· 68

　Ⅴ　先驗綜和判斷是當作原則而被含於理性底一切知解的學
　　　問中 ································· 76

　Ⅵ　純粹理性底一般問題 ····················· 85

　Ⅶ　在「純粹理性之批判」之題稱下一門特殊學問之理念與

第三節　知性底純粹概念，或範疇 ………… 204

第二章　知性底純粹概念之推證 ……………… 223

第一節　「超越推證一般」之原則 ………… 223

　　　　過轉到範疇之超越推證 ………… 232

第二節　經驗底可能性之先驗根據〔第一版中者〕 ……… 238

第二節　知性底純粹概念之超越的推證〔第二版中者〕… 277

第三節　知性之關聯於「諸對象一般」以及「其先驗地知

　　　　道此諸對象一般」之可能性〔第一版中者〕…… 260

第二卷　原則底分解 ……………………… 329

引　論　超越的判斷機能一般 ………………… 333

第一章　知性底純粹概念之規模（圖式） ………… 339

第二章　純粹知性底一切原則之系統 ……………… 353

第一節　一切分析判斷底最高原則 ………… 355

第二節　一切綜和判斷底最高原則 ………… 358

第三節　純粹知性底一切綜和原則之系統的表象 ………… 363

　Ⅰ　直覺底諸公理 ……………………… 367

　Ⅱ　知覺底預測 ………………………… 373

　Ⅲ　經驗底類推 ………………………… 385

　　A　第一類推　本體底常住之原則 ………… 392

　　B　第二類推　依照因果法則時間中相續之原則 ……… 401

　　C　第三類推　依照交互或交感互通之法則而來的「共

　　　　　　　　在之原則」……………… 429

　Ⅳ　「經驗思想一般」底設準 …………… 438

牟宗三先生全集⑭

康德「純粹理性之批判」 下冊

下冊二版改正誌言 ………………………………………………… (1)
譯者之言 ……………………………………………………………… (5)

第二分　超越的辯證 ………………………………… 537

引　論 …………………………………………………… 539

　Ⅰ　超越的幻象 ……………………………………… 539
　Ⅱ　純粹理性是超越幻象底所在地 ………………… 543
　　A.理性一般 ………………………………………… 543
　　B.理性之邏輯的使用 ……………………………… 548
　　C.理性之純粹的使用 ……………………………… 550

第一卷　純粹理性底概念 …………………………… 557

　第一節　理念一般 …………………………………… 559
　第二節　超越的理念 ………………………………… 575
　第三節　超越的理念之系統 ………………………… 587

第二卷　純粹理性底辯證推理 ……………………… 593

第一章　純粹理性底誤推 …………………………… 597

第一版中的純粹理性之誤推……………………………… 606

第二版中的純粹理性之誤推……………………………… 664

第二章　純粹理性底背反 ……………………………… 695

第一節　宇宙論的理念底系統 ………………………… 699

第二節　純粹理性底「反於正」的反：正反衝突 ………… 710

　超越理念底第一衝突（第一背反）…………………… 716

　超越理念底第二衝突（第二背反）…………………… 727

　超越理念底第三衝突（第三背反）…………………… 737

　超越理念底第四衝突（第四背反）…………………… 746

第三節　在這些衝突中理性底興趣……………………… 756

第四節　純粹理性底超越問題底解決之絕對的必然性……… 769

第五節　在四種超越的理念中宇宙論問題之懷疑的表象…… 777

第六節　超越的觀念論是宇宙論的辯證底解決之鑰匙〔關鍵〕

　………………………………………………………… 783

第七節　「理性與其自身」之宇宙論的衝突之批判的解決… 790

第八節　「純粹理性在其應用於宇宙論的理念中」底軌約

　　　　原則…………………………………………… 801

第九節　在關於一切宇宙論的理念中，理性底軌約原則之經

　　　　驗的使用……………………………………… 809

　Ⅰ　第一背反之解決：一宇宙整全中的現象之組合綜體之

　　　宇宙論的理念之解決 …………………………… 810

　Ⅱ　第二背反之解決：給與於直覺中的一個整全底區分之

　　　綜體之宇宙論的理念之解決 …………………… 816

　　　對於數學的超越理念底解決之結束語以及對於力學的

超越理念底解決之預備的省察 ……………………… 820

Ⅲ 第三背反之解決:「宇宙事件之從其原因而引生」這引
生中的綜體之宇宙論的理念之解決 ……………… 824

通過自由而成的因果性與「普遍的自然必然性之法則」
相諧和之可能性 …………………………………… 828

宇宙論的自由之理念與普遍的自然必然性相連繫之說明
…………………………………………………… 832

Ⅳ 第四背反之解決:「現象就其存在一般而言之」之依待
性底綜體這一宇宙論的理念之解決 ……………… 849

關於純粹理性底全部背反之結束語 ……………… 854

第三章　純粹理性之理想 ……………………………… 859

第一節　理想一般……………………………………… 859

第二節　超越的理想(超越的基型)……………… 864

第三節　思辨理性之「證明一最高存有之存在」之論證…… 876

第四節　上帝底存在之存有論的證明之不可能性………… 885

第五節　上帝底存在之宇宙論的證明之不可能性………… 897

一必然存有底存在之一切超越的證明中的辯證幻象
之發見與說明………………………………………… 910

第六節　物理神學的證明之不可能性………………… 918

第七節　基於理性底思辨原則上的一切神學之批判………… 929

超越辯證部分之附錄 ……………………………………… 949

附錄Ⅰ　純粹理性底理念之軌約的使用……………… 949

附錄Ⅱ　人類理性底自然的辯證〔之批判〕之終極目的…… 981

牟宗三先生全集⑮
康德的道德哲學

《康德的道德哲學》全集本編校說明 ……………………… (1)

二版改正誌言 …………………………………………… (5)

譯者之言 ………………………………………………… (9)

一、康德：道德底形上學之基本原則 ……………………… 1

序 ………………………………………………………… 7

第一節　從道德之通常的理性知識轉至哲學的知識 ……… 15

　　〔1.論善的意志〕 ………………………………… 15

　　〔2.論義務以及行動之道德價值〕 ……………… 21

　　〔3.論行動格準之爲普遍法則〕 ………………… 29

　　〔4.論從人底通常理性進至實踐哲學〕 ………… 32

第二節　從通俗的道德哲學轉至道德底形上學 …………… 35

　　〔1.論道德不依於經驗與範例〕 ………………… 35

　　〔2.論道德底形上學之必要——從通俗的實踐哲學進至道
　　　德底形上學〕 ………………………………… 39

　　〔3.論法則對於意志之命令——假然律令與定然律令〕 … 45

　　〔4.論技巧、精審、與道德三者底律令〕 ……… 49

〔5.分別說明技巧、精審、道德三類律令如何可能一問題
之意義〕 …………………………………………………… 53

〔6.標舉義務底律令（定然律令）之最普遍的形式〕 …… 58

〔7.依對己對人的必然義務與對己對人的偶然義務說明那
些不能成為普遍法則的格準〕 ………………………… 60

〔8.論定然律令（道德原則、實踐法則）不能從人性底特
殊屬性、性癖、性好，以及經驗而被推演出〕 ……… 63

〔9.論目的：從形式的、客觀的目的明定然律令之遍效性
：一切理性存有其自身即是目的〕 …………………… 69

〔10.就對己對人的必然義務與對己對人的偶然義務明那些
違反目的原則的行動〕 ………………………………… 72

〔11.論意志底原則之三程式：普遍性、目的性，以及自律
性（立法性）〕 ………………………………………… 75

〔12.論目的王國〕 ………………………………………… 79

〔13.論目的王國中的價格與尊嚴〕 ……………………… 81

〔14.綜結道德原則底三模式：形式、材質，以及意志底立
法性〕 …………………………………………………… 84

〔15.依據道德原則底三模式而作綜述：絕對善意之證成〕
…………………………………………………………… 86

〔16.〕意志底自律為道德底最高原則………………………… 91

〔17.〕意志底他律為一切假的〔歧出的〕道德原則之源泉
…………………………………………………………… 92

〔18.〕基於他律概念上的一切可能的「道德原則」之分類
…………………………………………………………… 93

在其思辨使用中乃不是可能者……………………… 211

第二章　純粹實踐理性底一個對象之概念 ……………… 223

純粹實踐判斷底符徵……………………………… 241

附錄：譯者對「符徵」義之疏釋……………………… 249

第三章　純粹實踐理性底動力 ……………………… 265

純粹實踐理性底分析之批判的考察………………… 319

卷二　純粹實踐理性底辯證 ……………………… 397

第一章　「純粹實踐理性底辯證」一般 ……………… 397

第二章　在界定「最高善」之概念中純粹理性之辯證

……………………………………………… 403

Ⅰ實踐理性底背反………………………………… 407

Ⅱ實踐理性底背反之批判的解答…………………… 408

Ⅲ在純粹實踐理性與思辨理性相聯合中純粹實踐理性之優

先性………………………………………… 418

Ⅳ靈魂不滅是純粹實踐理性之一設準……………… 422

Ⅴ上帝存在是純粹實踐理性之一設準……………… 426

Ⅵ關於「純粹實踐理性一般之設準」……………… 441

Ⅶ「依一實踐的觀點去思議純粹理性底一種擴張，但卻並

沒有同時其思辨知識被擴大」，這如何是可能的？…… 445

Ⅷ關於從純粹理性底需要而來的信仰……………… 463

Ⅸ人的認知機能對於人的實踐的使命之明智的適應……… 472

第二部　純粹實踐理性底方法學…………………… 477

牟宗三先生全集⑯
康德「判斷力之批判」　上冊

《康德「判斷力之批判」》全集本編校說明 ……………… (1)

譯者之言（上） ……………………………………… (3)

卷　首　商榷：以合目的性之原則爲審美判斷力之超越的原
　　　　則之疑竇與商榷 …………………………………… 1

序　文（1790，第一版之序文） ………………… 95

引　論 …………………………………………………… 103

第一部　美學判斷力之批判 ……………………………… 141

　第一分　美學判斷力之分析 …………………………… 143

　　第一卷　美之分析 …………………………………… 143

　　第二卷　崇高之分析 ………………………………… 203

　　關於美學的反省判斷之解釋之一般的註說 ………… 241

　　純粹美學判斷之推證 ………………………………… 261

　第二分　美學判斷力之辯證 …………………………… 359

康德「判斷力之批判」 下冊

譯者之言（下）…………………………………………… (1)

第二部　目的論的判斷力之批判……………………… 397

第一分　目的論的判斷力之分析………………………… 399

第二分　目的論的判斷力之辯證………………………… 443

附　錄　目的論的判斷力之方法學……………………… 503

〔綜結〕　關於目的論之一般註說……………………… 619

牟宗三先生全集⑰
名 理 論

牟宗三先生譯述集

《牟宗三先生譯述集》全集本編校說明 ……………………… ⑴

懷悌海論自然原素（1935年9月26/日10月7日）…………… 1

亞里士多德論時間（1935年10月23日）…………………… 11

亞理士多德論空間（1935年10月30日）…………………… 19

亞理士多德論運動（1935年11月6日）…………………… 31

亞里士多德論無限（1935年11月13日）…………………… 37

諾滋洛圃論物理自然說（1935年11月27日）……………… 47

諾滋洛圃論數理自然說（1935年12月4日）……………… 57

數學之直覺主義（1936年4月1日/4月8日）……………… 61

直覺主義者論類（1936年4月15日）……………………… 81

直覺主義者論基數（1936年4月22日）…………………… 89

制度經濟學之基本出發點（1937年4月1日）……………… 99

印度爭取自由（1940年3月10日）………………………… 117

評羅素新著《意義與眞理》（1943年1月）……………… 127

懷悌海論知覺兩式（1944年2月）………………………… 217

評述杜威論邏輯（1947年8月）…………………………… 241

黑格爾的歷史哲學（1956年1月）………………………… 281

存在主義底義理結構（1956年5月20日）………………… 333

客體事與主體事（1956年）……………………………… 357

《單在理性範圍內之宗敎》第二卷——善原則之統治人與惡原
　　則之統治人之衝突（1987年6/7月）…………………… 379

牟宗三先生全集⑱

認識心之批判　上冊

《認識心之批判》全集本編校說明 ……………………… (1)

重印誌言 …………………………………………………… (5)

序　言 ……………………………………………………… (9)

第一卷　心覺總論 ……………………………… 1

第一章　認識論之前提 ………………………… 3

第一節　生理自我中心之特體 ……………………… 3
第二節　心之統覺與生理感中心中之現起事既爲異質之
　　　　對偶性，亦爲超越與被超越之上下之兩層。 ……… 8
第三節　變者與不變者 ……………………………… 19

第二章　生理感中心中之現起事之客觀化 …… 39

第一節　問題的釐定 ………………………………… 39
第二節　存在的關係命題與非存在的關係命題 …… 53
第三節　從非存在的關係命題到先驗綜和命題 …… 69

第三章　心覺之主觀性與客觀性 ……………………………… 85

　第一節　認識心之等流及其客觀化 …………………………… 85

　第二節　客觀的心對於存在之超越的決定與超越的運用… 104

第二卷　對於理解（知性）之超越的分解…… 129

前　言 ……………………………………………………… 131

第一部　論純理 …………………………………………… 133

第一章　邏輯與純理 …………………………………… 135

　第一節　邏輯系統之形成 …………………………………… 136

　第二節　邏輯系統之意指的解析 …………………………… 141

　第三節　邏輯系統之形式的解析與超越的解析 ………… 146

第二章　純理與數學 …………………………………… 163

　第一節　純理開展之步位 …………………………………… 163

　第二節　純理步位之外在化 ………………………………… 169

　第三節　邏輯的構造與直覺的構造 ………………………… 173

　第四節　序與連續 …………………………………………… 178

　第五節　連續與無窮 ………………………………………… 181

　第六節　羅素之「以類論數」：實在論的數學論 ………… 187

　第七節　先驗主義的數學論 ………………………………… 204

第八節 數學命題之綜合性與分解性 ⋯⋯⋯⋯⋯⋯⋯ 216

【附錄】：維特根什坦的數學論 ⋯⋯⋯⋯⋯⋯⋯⋯ 227

第三章 純理與幾何 ⋯⋯⋯⋯⋯⋯⋯⋯⋯⋯⋯⋯⋯⋯ 241

第一節 純邏輯的「位區」之構造 ⋯⋯⋯⋯⋯⋯⋯⋯ 241
第二節 對於純理位區之純邏輯的分解與純邏輯的決定⋯ 247
第三節 四度之意義與 N 度之意義 ⋯⋯⋯⋯⋯⋯⋯⋯ 258

第二部 論格度與範疇 ⋯⋯⋯⋯⋯⋯⋯ 263

第一章 時空格度由超越的想像而直覺地被建立 ⋯⋯⋯ 265

第一節 來布尼茲之轉客觀空間爲屬心的以及轉絕對
的爲關係的 ⋯⋯⋯⋯⋯⋯⋯⋯⋯⋯⋯⋯⋯ 265
第二節 時空與運動：客觀時空之剝落之另一路向 ⋯⋯ 281

第二章 理解三格度由理解中之純理之外在化而發現 295

第一節 思解之曲屈性與發見格度之線索 ⋯⋯⋯⋯⋯⋯ 295
第二節 純理之「自內轉外」保證格度之必然性與窮盡性 ⋯ 301
第三節 綜論四格度之大義 ⋯⋯⋯⋯⋯⋯⋯⋯⋯⋯⋯ 306
【附錄】傳統邏輯與康德的範疇 ⋯⋯⋯⋯⋯⋯⋯⋯ 311
第一節 解證思考與創發思考 ⋯⋯⋯⋯⋯⋯⋯⋯ 311
第二節 發見範疇之線索及原則 ⋯⋯⋯⋯⋯⋯⋯ 321
第三節 邏輯中判斷分類表有必然之保證否 ⋯⋯⋯ 328
第四節 由邏輯中判斷之形式是否能發見出範疇⋯ 340

牟宗三先生全集⑲
認識心之批判　下冊

第三卷　超越的決定與超越的運用 ………………… 431

第一部　順時空格度而來之超越的決定 ……… 433

第一章　有向量與無向量 …………………………… 435

第一節　廣度量 ……………………………………… 435
第二節　強度量與終始律 …………………………… 437
第三節　有向量與規約原則 ………………………… 444
第四節　幾何第一義與超越決定及現象之數學 …………… 451

第二章　時空與數學 ………………………………… 457

第一節　空間與歐氏空間及歐氏幾何 ……………………… 457
第二節　時間與算數學 ……………………………… 469
第三節　數量範疇與「時間與算數學」以及與「空間與幾何
　　　學」之關係 ……………………………… 491

第二部　順思解三格度而來之超越的運用 …… 505

第一章　因故格度之所函攝 ⋯⋯⋯⋯⋯⋯⋯⋯⋯⋯⋯ 507

　第一節　三支比量：設準形態 ⋯⋯⋯⋯⋯⋯⋯ 508

　第二節　觀定因果 ⋯⋯⋯⋯⋯⋯⋯ 514

　第三節　歸納推斷 ⋯⋯⋯⋯⋯⋯⋯ 520

　第四節　原則命題之成系列與存在命題之成組 ⋯⋯⋯⋯ 524

　第五節　概然公理 ⋯⋯⋯⋯⋯⋯⋯ 534

第二章　曲全格度之所函攝 ⋯⋯⋯⋯⋯⋯⋯⋯⋯⋯⋯ 543

　第一節　滿類與滿證 ⋯⋯⋯⋯⋯⋯⋯ 543

　第二節　循環原則與類型說 ⋯⋯⋯⋯⋯⋯⋯ 546

　第三節　還原公理 ⋯⋯⋯⋯⋯⋯⋯ 551

　第四節　羅素之說明 ⋯⋯⋯⋯⋯⋯⋯ 558

　第五節　還原公理與類說 ⋯⋯⋯⋯⋯⋯⋯ 566

　第六節　還原公理與循環原則 ⋯⋯⋯⋯⋯⋯⋯ 572

　第七節　邏輯一線與數之第二義 ⋯⋯⋯⋯⋯⋯⋯ 576

　第八節　兼賅雙線與知識 ⋯⋯⋯⋯⋯⋯⋯ 584

　第九節　直覺原則與無窮 ⋯⋯⋯⋯⋯⋯⋯ 593

第三章　二用格度之所函攝 ⋯⋯⋯⋯⋯⋯⋯⋯⋯⋯⋯ 607

　第一節　二用格度使用之意義 ⋯⋯⋯⋯⋯⋯⋯ 607

　第二節　坎陷中辨解辯證之考察 ⋯⋯⋯⋯⋯⋯⋯ 613

　第三節　理型之結構 ⋯⋯⋯⋯⋯⋯⋯ 622

　第四節　通觀辯證 ⋯⋯⋯⋯⋯⋯⋯ 641

第四卷　認識心向超越方面之邏輯構造 ········ 659

第一章　本體論的構造 ················· 661

第一節　構造之路 ················· 661

第二節　本體內蘊之形式的推演 ··········· 667

第三節　由邏輯要求而邏輯地所表之本體不能證明 ····· 694

第二章　宇宙論的構造 ················· 699

第一節　宇宙論的構造之擔負 ············ 699

第二節　知識世界之宇宙論的形成 ·········· 703

第三節　道德世界之宇宙論的形成 ·········· 712

第四節　美學世界之宇宙論的形成 ·········· 719

附錄 ························· 739

時空爲直覺底形式之考察 ················ 741

牟宗三先生全集⑳

智的直覺與中國哲學

《智的直覺與中國哲學》全集本編校說明 ·················· (1)

序 ··· (3)

一、邏輯的涉指格與存有論的涉指格················· 1

二、存有論的涉指格底發現之線索與原則············· 3

三、判斷表與範疇表很難一一對應··················· 9

四、知識上的設準 ······························· 13

五、設準（範疇）底先驗性之確義——知性之自給法則與
意志之自給法則之比觀 ························· 17

六、從範疇處所說的「先驗綜和判斷」之確義——此名恰
當否？ ····································· 21

七、海德格論「有限理性底超越性」——對象化底活動 ········ 31

八、海德格論「知識底有限性之本質」，兼論對象與自在
相，現象與物自身 ··························· 39

九、海德格論「超越的對象＝x」 ················· 55

十、「超越的推述」之大義 ······················· 65

十一、康德之言「超越的對象＝x」 ··············· 79

十二、超越的對象有關各分際之釐清以及其恰當的決定 ········ 91

十三、超越的對象與物自體······················· 111

十四、物自身與現象之分之意義····················· 125

牟宗三先生全集㉑
現象與物自身

第三章 展露本體界的實體之道路 ……………………… 43

Ⅰ. 詞語底解釋 ……………………………………… 43

Ⅱ. 由道德的進路展露本體 ……………………… 65

Ⅱ.1 道德的進路 …………………………………… 65

Ⅱ.2 由知體之為道德的實體開道德界 ………………… 66

　　A. 知體之主觀的意義與客觀的意義並與康德所說的
　　　「良心」相比較 ……………………………… 67

　　B. 康德對於其所設定的「自由」之分析未能盡其義
　　　以及其不穩定性 …………………………… 74

　　C. 對於「自由」之進一步的構想 ……………… 79

　　D. 自願與義務底對立之解消兼論康德所責斥的「道
　　　德的狂熱」 ………………………………… 86

Ⅱ.3 由知體之為存有論的實體開存在界 …………… 96

Ⅱ.4 智的直覺與「物之在其自己」之自在相或如相 …… 103

Ⅱ.5 智的直覺與知體明覺之本身 ………………… 105

Ⅱ.6 康德不能極成其所主張的「現象與物自身之超越的區
　　分」 ……………………………………… 109

Ⅱ.7 物自身與自由 ……………………………… 119

第四章 由知體明覺開知性 ……………………… 125

1. 科學知識之必要：在中國是無而能有，有而能無；
　在西方是無者不能有，有者不能無 ……………… 125

2. 知性之辯證的開顯 …………………………… 126

3. 自我坎陷、執與認知主體 …………………………… 127

4. 平地起土堆 ……………………………………………… 129

5. 感性底攝取：感觸的直覺 ……………………………… 133

6. 感性、想像與知性 ……………………………………… 136

6.1 「時空是屬於心之主觀建構」——由超越的想像而形構成 ……………………………………………………… 136

6.2 康德論三層綜和 ……………………………………… 140

　　A. 關於「直覺中攝取底綜和」……………………… 141

　　B. 關於「想像中重現之綜和」…………………… 144

　　B.1 量概念底規模 ……………………………… 148

　　B.2 質概念底規模 ……………………………… 150

　　B.3 關係概念底規模 …………………………… 150

　　B.4 程態概念底規模 …………………………… 153

　　C. 關於「概念中重認之綜和」…………………… 155

7. 眞我、認知我以及心理學意義的虛構我 …………… 158

8. 識心之執與先驗概念 ………………………………… 171

9. 先驗概念與先驗綜和 ………………………………… 176

10. 煩惱即菩提，菩提即煩惱 ………………………… 183

第五章　對於識心之執（知性）之超越的分解：知性底形式簇聚之邏輯概念之超越的分解 ………………… 187

1. 超越分解之兩指 ……………………………………… 187

2. 邏輯系統之超越的解釋 ……………………………… 188

3. 第一義的數學基於純理展現之步位相而被構造起……… 190

(b) 共在相 ……………………………………… 263

(c) 常住相 ……………………………………… 266

7.4 總關係三相而名曰「經驗底類推」 ……………… 275

7.5 構造原則與軌約原則 …………………………… 281

7.6 純粹知性底一切原則之綜列 …………………… 287

8. 純粹思辨理性底虛幻性 ……………………… 292

8.1 關于「純粹理性底誤推」………………………… 295

8.2 關于「純粹理性底背反」………………………… 299

8.3 康德對于背反所作的批判的考察 ……………… 309

8.4 康德對于背反所作的批判的解決：正答 ……… 321

8.5 向「無執的存有論」過轉 ……………………… 327

附錄：超越的觀念論釋義 ………………………… 331

1. 康德論「理念」 ………………………………… 331

2. 康德在純粹理性底誤推中論「超越的觀念論」與「經驗的實在論」 ……………………………………… 340

3. 康德在〈純粹理性底背反〉中論「超越的觀念論」……… 346

4. 正解「超越的觀念論」與「經驗的實在論」 ………… 350

5. 康德在〈超越的攝物學〉中論「現象底觀念性」 …… 356

6. 康德論空間與時間之「超越的觀念性」與「經驗的實在性」 ………………………………………………… 361

7. 關於康德所說的「假的類比」 ………………… 367

8. 「超越」與「超絕」之不同以及「超越」一詞之兩義… 371

9. 絕對的眞常心與物自身之絕對的實在性 ……… 377

第七章　執相與無執相底對照 ‥‥‥‥‥‥‥‥‥‥ 381

1．龍樹的「八不」：緣起實相 ‥‥‥‥‥‥‥‥‥ 381

2．空、假、中：「緣起性空」一義之輾轉說明 ‥‥‥‥ 383

3．賢首言「六相」：相即無相 ‥‥‥‥‥‥‥‥‥ 393

4．即、入、攝，以及一多之非定相義 ‥‥‥‥‥‥‥ 404

5．唯識宗之三性：遍計執性與「執的存有論」‥‥‥‥ 411

6．在佛家如何可說物自身？又如何可有一「無執的存有論」？ ‥‥‥‥‥‥‥‥‥‥‥‥‥‥‥‥‥ 415

7．天臺宗的圓教：「無執的存有論」 ‥‥‥‥‥‥‥ 422

8．別教下的「無執的存有論」 ‥‥‥‥‥‥‥‥‥‥ 429

9．「緣理斷九」：別教與圓教底分別 ‥‥‥‥‥‥‥ 433

10．分解的路與詭譎的路 ‥‥‥‥‥‥‥‥‥‥‥‥ 438

11．道家的「無執的存有論」 ‥‥‥‥‥‥‥‥‥‥ 445

12．儒家的「無執的存有論」 ‥‥‥‥‥‥‥‥‥‥ 451

13．判教與融通 ‥‥‥‥‥‥‥‥‥‥‥‥‥‥‥ 463

14．哲學原型以及其可學 ‥‥‥‥‥‥‥‥‥‥‥‥ 471

牟宗三先生全集㉒

圓善論

《圓善論》全集本編校說明 ……………………………………… (1)

序　言 ………………………………………………………… (3)

第一章　基本的義理 ……………………………………………… 1

附錄：康德：論惡原則與同善原則之皆內處或論人性中之根惡

　　〔基本惡〕 …………………………………………… 57

　　開端綜論 ……………………………………………… 57

　　Ⅰ　人性中根源的向善之才能 ……………………… 76

　　Ⅱ　人性中「性癖於惡」之性癖 …………………… 83

　　Ⅲ　人本性上是惡的──「無人可生而免於惡」 ……… 89

　　Ⅳ　人性中惡之起源………………………………… 102

　　Ⅴ　一般的解說：根源的向善之能之恢復──恢復而至

　　　　其全力………………………………………… 109

第二章　心、性與天與命 …………………………………… 129

第三章　所欲、所樂與所性 ………………………………… 155

牟宗三先生全集㉓

時代與感受

《時代與感受》全集本編校說明 ⋯⋯⋯⋯⋯⋯⋯⋯⋯⋯ (1)

序　言 ⋯⋯⋯⋯⋯⋯⋯⋯⋯⋯⋯⋯⋯⋯⋯⋯⋯⋯⋯⋯ (3)

導　言：從中國現代化過程中看當代新儒家的精神開展

　　　（王邦雄）⋯⋯⋯⋯⋯⋯⋯⋯⋯⋯⋯⋯⋯⋯⋯⋯ 1

觀念的災害（1962年6月16日）⋯⋯⋯⋯⋯⋯⋯⋯⋯⋯ 27

有關「美國與中共拉邦交」之談話（1979年1月）⋯⋯⋯⋯ 41

「平反」與「平正」（1980年1月）⋯⋯⋯⋯⋯⋯⋯⋯⋯ 75

三十年來大陸上的知識份子想些什麼？（1980年6月21/22）⋯ 93

中國文化的斷續問題（1980年8月）⋯⋯⋯⋯⋯⋯⋯⋯⋯ 105

僻執、理性與坦途（1981年11月1日/12月1日）⋯⋯⋯⋯ 121

哲學的用處（1983年4月）⋯⋯⋯⋯⋯⋯⋯⋯⋯⋯⋯⋯ 143

談民國以來的大學哲學系（1980年7月）⋯⋯⋯⋯⋯⋯⋯ 163

中國哲學的未來拓展（1981年6月）⋯⋯⋯⋯⋯⋯⋯⋯⋯ 175

談宗教道德與文化（1977年5月）⋯⋯⋯⋯⋯⋯⋯⋯⋯⋯ 201

訪韓答問錄（1980年9月）⋯⋯⋯⋯⋯⋯⋯⋯⋯⋯⋯⋯ 215

訪韓觀感記（1980年8月）⋯⋯⋯⋯⋯⋯⋯⋯⋯⋯⋯⋯ 235

中國知識分子的命運（1973年3月2日）⋯⋯⋯⋯⋯⋯⋯ 237

漢、宋知識分子之規格與現時代知識分子立身處世之道

　　　（1983年1月23/24日）⋯⋯⋯⋯⋯⋯⋯⋯⋯⋯⋯ 249

熊十力先生追念會講話（1979年8月） ……………………… 273

哀悼唐君毅先生（1978年3月15日） ……………………… 295

「文化意識宇宙」一詞之釋義（1979年5月） ……………… 303

悼念徐復觀先生（1982年4月25日） ……………………… 309

中國文化之問題（1975年9月） ……………………………… 313

從儒家的當前使命說中國文化的現代意義（1979年11月1日） 323

文化建設的道路──歷史的回顧（1981年7月16日） ………… 357

文化建設的道路──現時代文化建設的意義（1981年7月20日）

……………………………………………………………… 375

中國文化大動脈中的現實關心問題（1983年12月）…………… 393

中國文化大動脈中的終極關心問題（1983年12月）…………… 419

牟宗三先生全集㉔
時代與感受續編

《時代與感受續編》全集本編校說明 ……………………… (1)

佛老申韓與共黨（1951年1月20日）…………………………… 1

青年人如何表現他的理想（1951年5月1日）………………… 13

領導時代之積極原理（1951年6月20日）…………………… 29

自由中國的遠景（1951年8月1日）………………………… 47

一個真正的自由人（1952年1月2日）……………………… 49

要求一個嚴肅的文化運動之時代（1952年5月25日）……… 59

論文化意識（1952年5月28日）…………………………… 69

開明的層層深入（1952年6月26日）………………………… 73

當代青年（1952年8月1日）………………………………… 79

理想、團結與世界國家（1953年6月28日）………………… 87

文化途徑的抉擇（1953年7月26日）………………………… 93

略論對於中國文化了解之過程（1953年9月上旬）………… 97

論堅定與開拓（1954年1月3日）…………………………… 101

關於簡體字（1955年10月）………………………………… 105

與貫之先生論時事（附：王貫之先生函）（1955年10月1日） 109

生命之途徑——保孤明以通千古，握天樞以爭剝復（附：王貫
　　之先生函）（1955年10月16日）………………………… 111

論學與讀書（1956年1月5日）⋯⋯⋯⋯⋯⋯⋯⋯⋯⋯⋯⋯⋯⋯ 119

關於外王與實踐（附：王貫之先生函）（1956年4月16日）⋯ 123

悼念韓裕文先生（1956年4月20日）⋯⋯⋯⋯⋯⋯⋯⋯⋯⋯ 131

青年與時代（1957年1月10日）⋯⋯⋯⋯⋯⋯⋯⋯⋯⋯⋯⋯ 133

與貫之先生論慧命相續（1957年6月1日）⋯⋯⋯⋯⋯⋯⋯⋯ 139

孔子與「人文教」（1957年9月1日）⋯⋯⋯⋯⋯⋯⋯⋯⋯⋯ 143

《人生雜誌·青年節專號》刊前語（1958年4月1日）⋯⋯⋯⋯ 147

心靈發展之途徑（1960年9月20日）⋯⋯⋯⋯⋯⋯⋯⋯⋯⋯ 151

蔡仁厚《家國時代與歷史文化》序（1961年1月1日）⋯⋯⋯⋯ 157

有感於羅素之入獄（1961年10月5日）⋯⋯⋯⋯⋯⋯⋯⋯⋯ 161

十年來中國的文化理想問題（1964年6月1日）⋯⋯⋯⋯⋯⋯ 169

中華文化之發展與科學（1968年7月）⋯⋯⋯⋯⋯⋯⋯⋯⋯ 175

悼念張丕介先生（1969年9月6日）⋯⋯⋯⋯⋯⋯⋯⋯⋯⋯ 179

羅素與中國知識分子（1970年3月20日）⋯⋯⋯⋯⋯⋯⋯⋯ 181

中國文化的問題（1973年5月）⋯⋯⋯⋯⋯⋯⋯⋯⋯⋯⋯⋯ 189

中國傳統思想與西方民主精神之匯通與相濟問題（1974年4月）

⋯⋯⋯⋯⋯⋯⋯⋯⋯⋯⋯⋯⋯⋯⋯⋯⋯⋯⋯⋯⋯⋯⋯⋯ 201

我的學思經過（1974年8月）⋯⋯⋯⋯⋯⋯⋯⋯⋯⋯⋯⋯⋯ 209

海外青年應如何認識中國及自家文化（1977年4月）⋯⋯⋯⋯ 221

從索忍尼辛批評美國說起（1979年1月14/15日）⋯⋯⋯⋯⋯ 225

「五四」與現代化（1979年5月29日至6月1日）⋯⋯⋯⋯⋯ 251

肯定自由、肯定民主──聲援大陸青年人權運動

（1979年6月2日）⋯⋯⋯⋯⋯⋯⋯⋯⋯⋯⋯⋯⋯⋯⋯⋯⋯ 275

學生書局廿週年紀念詞（1980年4月16日）⋯⋯⋯⋯⋯⋯⋯ 291

熊十力先生的智慧方向——熊十力先生百年誕辰紀念會專題

　講演（1985年11月）……………………………………… 293

通識教育的意義（1985年12月13日）…………………… 307

人文教養和現代教育（1986年7月16日）……………… 313

理解與行動（1986年8月）………………………………… 327

人文思想與教育（1986年10月10日）…………………… 347

「唐君毅先生逝世十週年紀念會」講辭（1988年4月）……… 357

我所認識的梁漱溟先生（1988年6月25日）…………… 371

中國文化的過去與未來（1989年5月）………………… 379

談世運、論時局（1989年7月）………………………… 389

哲學之路——我的學思進程（1990年4月）…………… 401

九十年來中國人的思想活動（1990年7月9/10日）………… 413

中國文化的發展與現代化——文化既非虛文，亦非矯飾

　（1990年11月8日）……………………………………… 427

當代新儒家——答問錄（1990年12月28日）…………… 435

《唐君毅全集》序（1991年12月16日）………………… 441

學思・譯著——牟宗三先生訪談錄（1992年12月）………… 443

徐復觀先生的學術思想——「徐復觀學術思想國際研討會」

　主題演講（1992年12月）……………………………… 455

在中國文化危疑的時代裡（1995年4月13–15日）………… 471

牟宗三先生全集㉕

牟宗三先生早期文集　上冊

《牟宗三先生早期文集》全集本編校說明 ························· (1)

第一編：論邏輯 ································· 1

(1)辯證法是真理嗎？（1931年9月7／8日） ··················· 3

(2)矛盾與類型說（1933年11月） ······················· 13

(3)邏輯與辯證邏輯（1934年8月） ····················· 93

(4)辯證唯物論的制限（1934年8月） ··················· 139

(5)AEIO 的四角關係（1936年1月15／22日） ············· 153

(6)略評金著《邏輯》（1936年1月29日） ··············· 169

(7)主詞存在與否之意義（1936年3月11／18／25日） ·········· 173

(8)論析取與絜和（1936年6月3／10日） ··············· 203

(9)評約翰生的邏輯系統（1936年6月10日） ············· 221

(10)來布尼茲哲學疏導之一——論主謂命題與關係命題

（1948年3月） ····························· 227

第二編：論知識 ································· 245

(11)公孫龍子的知識論（1932年7月） ··················· 247

(12)說觀念（1936年1月29日） ······················· 273

⒀中國人的具體感與抽象感（1936年5月5／15日）‥‥‥‥‥‥ 279

⒁覺知底因果說與知識底可能說（1937年9月）‥‥‥‥‥‥‥ 295

⒂陰陽家與科學（1942年12月）‥‥‥‥‥‥‥‥‥‥ 345

⒃純粹理性與實踐理性（1944年6月）‥‥‥‥‥‥‥‥‥ 369

⒄論純理（1944年11月）‥‥‥‥‥‥‥‥‥‥‥‥‥ 393

⒅知覺現象之客觀化問題（1948年1月）‥‥‥‥‥‥‥‥ 439

第三編：論哲學問題‥‥‥‥‥‥‥‥‥‥‥‥‥ 459

⒆讀《所思》（1931年11月3日）‥‥‥‥‥‥‥‥‥‥ 463

⒇墨子之兼愛與孟子之等差（1933年4月10日）‥‥‥‥‥ 469

㉑燦爛的哲學（附：高越石〈讀「燦爛的哲學」〉）
　（1934年8月7日）‥‥‥‥‥‥‥‥‥‥‥‥‥‥‥ 479

㉒簡單的答覆（附：高越石〈「簡單的答覆」的簡單的答
　覆〉）（1934年8月17日）‥‥‥‥‥‥‥‥‥‥‥‥ 499

㉓論文化之合作與分治（1935年12月4日）‥‥‥‥‥‥‥ 503

㉔讀〈答謝石麟〉（1935年12月11日）‥‥‥‥‥‥‥‥ 507

㉕精靈感通論（1935年12月18日）‥‥‥‥‥‥‥‥‥‥ 511

㉖朱王對話──向外求理與向內求理（1936年1月1日）‥‥‥ 523

㉗一年來之哲學界並論本刊（1936年6月24日／7月1日）‥‥ 533

㉘機遇律與張大宇宙（1940年10月1日）‥‥‥‥‥‥‥‥ 547

㉙哲學的下降與上昇（1940年10月11日）‥‥‥‥‥‥‥ 551

㉚幾何型的文化與數學型的文化（1940年11月10日）‥‥‥ 561

㉛寂寞中之獨體（1944年5月）‥‥‥‥‥‥‥‥‥‥‥ 569

牟宗三先生全集㉖

牟宗三先生早期文集　下冊

第四編：論時勢 ……………………………………… 629

　㉟社會根本原則之確立（1933年3月20日）………… 631

　㊱從社會形態的發展方面改造現社會

　　　（1934年1月1日／2月1日）………………… 681

　㊲復興農村的出路何在？（1934年8月1日）………… 741

　㊳中國土地分配與人口分配之原則（1935年3月15日）……… 777

　㊴民族運命之升降線（1935年4月15日）………… 785

　㊵任重而道遠（1935年4月15日）………………… 793

　㊶中國農村生產方式（1935年5月15日）………… 801

　㊷中國農村經濟局面與社會形態（1935年7月15日）… 811

　㊸國內兩大思潮之對比（1935年7月15日）………… 825

　㊹中國政治家之兩種典型（1935年12月15日）……… 841

　㊺政治家如何養成（1937年3月1日）……………… 861

　㊻政治家與革命家（1937年4月15日）…………… 869

　㊼革命家與責任（1937年5月1日）………………… 885

　㊽時論之一：縱與橫（1939年11月30日）………… 889

　㊾時論之二：贊封建（1939年12月10日）………… 897

　㊿時論之三：箴現代（1939年12月20日）………… 905

⑸論現實主義（1939年12月31日）‧‧‧‧‧‧‧‧‧‧‧‧‧‧‧‧‧‧‧‧ 913

⑸時論之四：究天人（1939年12月31日）‧‧‧‧‧‧‧‧‧‧‧‧‧‧‧‧ 919

⑸時論之五：辨虛實（1940年1月31日）‧‧‧‧‧‧‧‧‧‧‧‧‧‧ 927

⑸時論之六：明教化（1940年2月29日）‧‧‧‧‧‧‧‧‧‧‧‧‧‧ 937

⑸時論之七：論思辨（1940年3月10日）‧‧‧‧‧‧‧‧‧‧‧‧‧‧ 945

⑸論論政（1940年5月10日）‧‧‧‧‧‧‧‧‧‧‧‧‧‧‧‧‧‧‧‧‧‧ 953

⑸宗教與禮教（1940年6月20日）‧‧‧‧‧‧‧‧‧‧‧‧‧‧‧‧‧‧‧‧ 957

⑸論派別（1941年1月11日）‧‧‧‧‧‧‧‧‧‧‧‧‧‧‧‧‧‧‧‧‧‧ 963

⑸大難後的反省──一個骨幹，《歷史與文化》代發刊詞

（1947年1月）‧‧‧‧‧‧‧‧‧‧‧‧‧‧‧‧‧‧‧‧‧‧‧‧‧‧‧‧‧‧‧‧‧ 969

⑹《歷史與文化》旨趣問答（1947年1月）‧‧‧‧‧‧‧‧‧‧‧‧ 1001

⑹略案陳獨秀的根本意見（1947年1月）‧‧‧‧‧‧‧‧‧‧‧‧‧‧ 1011

第五編：論文學 ‧‧‧‧‧‧‧‧‧‧‧‧‧‧‧‧‧‧‧‧‧‧‧‧‧‧‧‧‧‧‧‧ 1019

⑹理解、創造與鑒賞（1934年4月1日）‧‧‧‧‧‧‧‧‧‧‧‧‧‧ 1021

⑹《紅樓夢》悲劇之演成（1935年12月／1936年1月）‧‧‧‧‧ 1061

⑹說詩一家言：格調篇（1939年10月1日）‧‧‧‧‧‧‧‧‧‧‧‧ 1089

⑹說詩一家言：唐雅篇（1939年10月10日）‧‧‧‧‧‧‧‧‧‧ 1101

⑹說詩一家言：詩意篇（1939年11月20日）‧‧‧‧‧‧‧‧‧‧ 1115

⑹論魯默生詩（1940年2月10日）‧‧‧‧‧‧‧‧‧‧‧‧‧‧‧‧‧‧ 1131

⑹論詩境（1941年4月20日）‧‧‧‧‧‧‧‧‧‧‧‧‧‧‧‧‧‧‧‧‧‧ 1141

牟宗三先生未刊遺稿

《牟宗三先生未刊遺稿》全集本編校說明 ⋯⋯⋯⋯⋯⋯⋯⋯ (1)

一、親喪誌哀 （1941年12月）⋯⋯⋯⋯⋯⋯⋯⋯⋯ 1

二、父喪二周年忌辰感恩 （1943年10月）⋯⋯⋯⋯⋯ 5

三、父喪三年述懷 （1944年8月）⋯⋯⋯⋯⋯⋯⋯ 9

四、自立銘 （1947年12月3日）⋯⋯⋯⋯⋯⋯⋯⋯ 11

五、江西鉛山鵝湖書院緣起暨章則 （1948年）⋯⋯⋯ 13

六、且暮樓 （1948年）⋯⋯⋯⋯⋯⋯⋯⋯⋯⋯⋯ 21

七、月華賦句 （1948年5月）⋯⋯⋯⋯⋯⋯⋯⋯⋯ 23

八、觀生悲歌 （1948年5月）⋯⋯⋯⋯⋯⋯⋯⋯⋯ 25

九、象山贊 （1948年5月）⋯⋯⋯⋯⋯⋯⋯⋯⋯⋯ 27

十、四十誌感 （1948年6月）⋯⋯⋯⋯⋯⋯⋯⋯⋯ 29

十一、聖學箴 （1949年5月27日）⋯⋯⋯⋯⋯⋯⋯ 31

牟宗三先生全集㉗
牟宗三先生晚期文集

《牟宗三先生晚期文集》全集本編校說明 ⋯⋯⋯⋯⋯⋯⋯⋯ ⑴
⑴介紹《中國文化之精神價值》（1953年7月21日）⋯⋯⋯⋯⋯ 1
⑵簡論哲學與科學（1953年9月）⋯⋯⋯⋯⋯⋯⋯⋯⋯⋯ 9
⑶實存哲學的人文價值（1953年9月15日）⋯⋯⋯⋯⋯⋯⋯ 15
⑷墨子（1953年11月）⋯⋯⋯⋯⋯⋯⋯⋯⋯⋯⋯ 27
⑸我了解康德的經過（1954年2月16日）⋯⋯⋯⋯⋯⋯ 41
⑹答勞思光先生論學風（1954年4月1日）⋯⋯⋯⋯⋯⋯ 51
⑺答勞思光先生（1954年6月16日）⋯⋯⋯⋯⋯⋯⋯⋯ 57
⑻中國文化之特質（1954年12月）⋯⋯⋯⋯⋯⋯⋯⋯⋯ 63
⑼《比較中日陽明學》校後記（1955年2月）⋯⋯⋯⋯⋯ 97
⑽《康德知識論要義》序（1957年7月）⋯⋯⋯⋯⋯⋯ 107
⑾近代學術的流變（1958年6月）⋯⋯⋯⋯⋯⋯⋯⋯ 113
⑿邏輯實徵論述評（1958年11月）⋯⋯⋯⋯⋯⋯⋯⋯ 121
⒀魏晉名理與先秦名家（1959年3月）⋯⋯⋯⋯⋯⋯ 131
⒁從范縝的〈神滅論〉略談形與神的離合問題（1959年6月）⋯137
⒂朱子苦參中和之經過（1961年9月）⋯⋯⋯⋯⋯⋯⋯ 147
⒃存在主義（1964年5月11日）⋯⋯⋯⋯⋯⋯⋯⋯ 173
⒄《墨學研究》序（1965年4月20日）⋯⋯⋯⋯⋯⋯⋯ 191
⒅《儒墨平議》序（1968年5月16日）⋯⋯⋯⋯⋯⋯⋯ 193

⑲美的感受（1968年6月7日）‧‧‧‧‧‧‧‧‧‧‧‧‧‧‧‧‧‧‧‧‧‧‧‧ 197

⑳儒家的道德的形上學（1975年9月）‧‧‧‧‧‧‧‧‧‧‧‧‧‧‧‧‧ 209

㉑道家的「無」底智慧與境界形態的形上學（1975年10月）‧‧‧ 223

㉒佛家的存有論（1975年12月）‧‧‧‧‧‧‧‧‧‧‧‧‧‧‧‧‧‧‧‧‧‧ 235

㉓宋明儒學的三系（1976年1月）‧‧‧‧‧‧‧‧‧‧‧‧‧‧‧‧‧‧‧‧ 249

㉔講南北朝隋唐佛學之緣起（1977年10月10日）‧‧‧‧‧‧‧‧‧ 267

㉕天臺宗在中國佛教中的地位（1978年8月）‧‧‧‧‧‧‧‧‧‧‧‧ 287

㉖李著《荀子集釋》序（1979年3月）‧‧‧‧‧‧‧‧‧‧‧‧‧‧‧‧‧‧ 295

㉗康德與西方當代哲學之趨勢（1980年2月）‧‧‧‧‧‧‧‧‧‧‧‧ 297

㉘《易傳道德形上學》序（1982年5月）‧‧‧‧‧‧‧‧‧‧‧‧‧‧‧‧ 303

㉙康德道德哲學述評（1982年11月）‧‧‧‧‧‧‧‧‧‧‧‧‧‧‧‧‧‧ 305

㉚研究中國哲學之文獻途徑（1985年7月）‧‧‧‧‧‧‧‧‧‧‧‧‧ 329

㉛哲學研究的途徑（1986年9月）‧‧‧‧‧‧‧‧‧‧‧‧‧‧‧‧‧‧‧‧ 349

㉜哲學與圓敎（1986年12月）‧‧‧‧‧‧‧‧‧‧‧‧‧‧‧‧‧‧‧‧‧‧‧ 367

㉝中國文化發展中義理開創的十大諍辯（1987年5月）‧‧‧‧‧ 371

㉞依通、別、圓三敎看佛家的「中道」義（1988年10月）‧‧‧ 385

㉟「陽明學學術討論會」引言（1989年2月）‧‧‧‧‧‧‧‧‧‧‧‧ 407

㊱客觀的了解與中國文化之再造（1991年5月）‧‧‧‧‧‧‧‧‧‧ 419

㊲中國人的安身立命（1995年12月）‧‧‧‧‧‧‧‧‧‧‧‧‧‧‧‧‧‧ 439

㊳鵝湖之會──中國文化發展中的大綜和與中西傳統的融會

　（1992年12月20/21日）‧‧‧‧‧‧‧‧‧‧‧‧‧‧‧‧‧‧‧‧‧‧‧ 445

㊴超越的分解與辯證的綜和（1993年10月）‧‧‧‧‧‧‧‧‧‧‧‧ 459

㊵「宋明儒學與佛老」學術研討會專題演講（1995年5月）‧‧ 467

㊶兩重「定常之體」（1995年8月）‧‧‧‧‧‧‧‧‧‧‧‧‧‧‧‧‧‧‧ 489

牟宗三先生全集㉘
人文講習錄

《人文講習錄》全集本編校說明 ……………………………… (1)
編印說明 …………………………………………………… (3)
1.人文友會 …………………………………………………… (3)
2.聚會講習 …………………………………………………… (3)
3.會友名錄 …………………………………………………… (4)
4.講詞記錄與發表 …………………………………………… (5)
5.講習錄之編輯出版 ………………………………………… (6)
一、友會之基本精神與願望……………………………………… 1
　　　附：唐君毅先生覆牟宗三先生書
二、反魔道與灰色 ……………………………………………… 9
三、惻隱之心與良知 …………………………………………… 15
四、生命之坦蕩與開朗 ………………………………………… 19
五、理智與意志對立 …………………………………………… 25
六、生命與理性對立 …………………………………………… 29
七、大學之道在明明德 ………………………………………… 33
八、意志與超意志 ……………………………………………… 41
九、邏輯的我與道德的我 ……………………………………… 47
十、具體的解悟與抽象的解悟 ………………………………… 53
十一、無可奈何的缺憾 ………………………………………… 61

三五、師友之義與友道精神……………………………………… 215

　　※　　　　　※　　　　　　※

附　記：各篇講錄之標題，皆師尊生前所訂改。與當年在《人生雜
　　　　誌》發表之標題，有同有異。特此說明。

　　　　・又，十七與十八次之間，有兩次講「劉蕺山語錄」。

　　　　・二六與二七次之間，有五次講「黑格爾權限哲學引論」。

　　　　・二九與三〇次之間，有六次講「存在主義底義理結構」。

　　　　・三三次與三四次之間，有兩次講「懷悌海之客體事與主
　　　　　體事」。此十五次皆講文獻，故無記詞。

中國哲學的特質

《中國哲學的特質》全集本編校說明 ……………………………… (1)

再版自序 ……………………………………………………………… (3)

小序 …………………………………………………………………… (5)

第一講　引論：中國有沒有哲學？ ……………………………………… 1

第二講　中國哲學的重點何以落在主體性與道德性？ ………………… 9

第三講　憂患意識中之敬、敬德、明德與天命 ………………………… 15

第四講　天命下貫而爲「性」 …………………………………………… 21

第五講　孔子的仁與「性與天道」 ……………………………………… 27

第六講　由仁、智、聖遙契性、天之雙重意義 ………………………… 35

第七講　主觀性原則與客觀性原則 ……………………………………… 45

第八講　對於「性」之規定（一）《易傳》、《中庸》一路 … 57

第九講　對於「性」之規定（二）孟子一路 …………………………… 65

第十講　復性的工夫 ……………………………………………………… 75

第十一講　中國哲學的未來 ……………………………………………… 87

第十二講　作爲宗教的儒教 ……………………………………………… 97

牟宗三先生全集㉔
中國哲學十九講

《中國哲學十九講》全集本編校說明 ……………………… (1)

序 ………………………………………………………………… (3)

第一講　中國哲學之特殊性問題……………………………… 1

第二講　兩種真理以及其普遍性之不同 …………………… 19

第三講　中國哲學之重點以及先秦諸子之起源問題 ……… 45

第四講　儒家系統之性格 …………………………………… 69

第五講　道家玄理之性格 …………………………………… 87

第六講　玄理系統之性格——縱貫橫講……………………… 109

第七講　道之「作用的表象」 ……………………………… 125

第八講　法家之興起及其事業………………………………… 155

第九講　法家所開出的政治格局之意義……………………… 175

第十講　先秦名家之性格及其內容之概述…………………… 201

第十一講　魏晉玄學的主要課題以及玄理之內容與價值……… 223

第十二講　略說魏晉梁朝非主流的思想並略論佛教「緣起性空」
　　　　　一義所牽連到的諸哲學理境與問題………………… 243

第十三講　二諦與三性：如何安排科學知識？ ……………… 265

第十四講　《大乘起信論》之「一心開二門」 ……………… 283

第十五講　佛教中圓教底意義………………………………… 313

第十六講　分別說與非分別說以及「表達圓教」之模式……… 331

牟宗三先生全集㉚

中西哲學之會通十四講

《中西哲學之會通十四講》全集本編校說明 ……………… (1)

序 ……………………………………………………………… (3)

第一講　中西哲學會通的可能性：哲學真理之普遍性與特殊性
………………………………………………………… 1

第二講　中國哲學底傳統：中國哲學所關心的是「生命」，而
西方哲學所關心的其重點在「自然」 ………………… 17

第三講　西方哲學底傳統：柏拉圖傳統，來布尼茲、羅素傳統
以及康德傳統；從來布尼茲、羅素傳統說起——來布
尼茲思想之下委與上提 ………………………………… 35

第四講　康德的「經驗的實在論」與「超越的觀念論」，此對
反於「經驗的觀念論」與「超越的實在論」；由經驗
的實在論融攝知識範圍內一切實在論的思想，由超越
的觀念論融攝一切關於智思界者的思想 ……………… 49

第五講　康德的經驗意義的二元論與羅素的中立一元論：超越
意義的二元論不能成立 ………………………………… 69

第六講　經驗的實在論開感觸界，超越的觀念論開智思界：中
西哲學對此兩界之或輕或重，或消極或積極 ………… 85

第七講　一心開二門：中國哲學對於智思界是積極的，對於感
觸界是消極的（就成立知識言）；西方哲學則反是 … 95

宋明儒學綜述

《宋明儒學綜述》全集本編校說明 ························· (1)

小序 ··· (5)

第一講　正名 ·· 1

第二講　新之所以爲新 ·· 11

第三講　興起之機緣及與佛教之關係 ···························· 21

第四講　與佛教之關係㈡ ······································ 43

第五講　性理的確定意義 ······································ 65

第六講　道德性的實理、天理之普遍化與深邃化 ················ 75

第七講　寂感眞幾之生化之理（實現之理）與邏輯定義之形成

　　　　之理及科學歸納所得之理之區別 ···················· 93

　　第一節　對於前講之回顧 ·································· 93

　　第二節　實現之理與形成之理之區別 ························ 99

　　第三節　實現之理與科學歸納所得之理之區別 ··············· 110

宋明理學演講錄

《宋明理學演講錄》全集本編校說明 ……………………………… (1)

一、北宋復興儒學的歷史文化背景 …………………………………… 1

二、不同層次之「理」的簡別 ………………………………………… 5

三、宋明儒學的經典根據 ……………………………………………… 17

四、「性體」義疏解 …………………………………………………… 23

五、「道體」義疏解 …………………………………………………… 31

六、周濂溪：默契道妙 ……………………………………………… 43

七、張橫渠：天道性命相貫通 ……………………………………… 51

八、程明道：主客觀面合一 ………………………………………… 61

九、伊川、朱子：義理歧出 ………………………………………… 71

陸王一系之心性之學

《陸王一系之心性之學》全集本編校說明 ················ (1)

上篇 ·· 1

陸王一系之心性之學 ·· 3

　一、言良知者末流之弊：情識而肆與虛玄而蕩 ········· 3

　二、孔孟立教之規範 ·· 7

　三、朱陸之殊途 ··· 13

　四、內聖之踐履之內在義路：致良知教 ················ 21

　五、蕩肆與光景：相似法流 ································ 30

中篇 ·· 43

王龍溪之頓教：先天之學 ······································ 45

　一、陽明學宗要簡述 ·· 45

　二、龍溪所承接於陽明者 ···································· 48

　三、形上的證悟與超越的證悟 ······························ 51

　四、龍溪所謂「先天之學」之意義：即本體便是工夫 ······ 53

　五、四無之意義 ··· 54

　六、陽明之和會 ··· 56

　七、龍溪多重形上的證悟 ···································· 59

　八、形上的證悟與江右派之主靜歸寂 ··················· 62

　九、頓漸之對立與消融 ······································ 65

　十、致良知所至之圓而神：徹底透出之化境：圓而神之確義 ···

　　　　　　　　　　　　　　　　　　　　　　　 ······ 67

十一、由圓而神以判儒、佛 ……………………………… 71

十二、在超越的證悟中眞主觀與眞客觀之成立及其統一 …… 74

十三、良知教之顯義、密義、內在義,與超越義:下轉羅近溪

………………………………………………… 76

下篇 ……………………………………………… 79

劉蕺山誠意之學 ………………………………… 81

一、劉蕺山開端別起:歸顯於密 ……………………… 81

二、心體與性體 ……………………………………… 86

三、心意知物皆是超越一面 ………………………… 89

四、念則經驗一面:意與念之別 …………………… 91

五、與致良知教對刊:疏通結礙 …………………… 95

六、答董標心、意十問…………………………… 103

七、答史孝復十疑……………………………… 108

八、性天之旨………………………………… 113

九、述見………………………………………… 126

牟宗三先生全集㉛
四因說演講錄

《四因說演講錄》全集本編校說明 ························· (1)

序 ·· (3)

第一講　亞里士多德「潛能」與「實現」原理及「四因說」
　　　　 ·· 1

第二講　「目的因」與「動力因」····························· 9

第三講　儒家如何貫通「四因說」························· 17

第四講　儒家：「動力因」、「目的因」的表示及兩種
　　　　層次之說明之問題 ······························· 31

第五講　思想的層次分際及道德的形上學等相關問題 ········· 47

第六講　道家：消極形態的「動力因」······················· 59

第七講　道家：境界形態的形上學 ························· 75

第八講　道家：「目的因」及從「不生之生」說明存在；
　　　　通過養與玄覽（觀照）而得自在 ·············· 89

第九講　道家：說明「存在」的方式 ····················· 97

第十講　佛敎：概說·· 109

第十一講　佛敎式存有論及儒、道、西方說明存在的方式······ 121

第十二講　佛敎「非實有」形態及西方實有形態對世界的
　　　　　說明·· 137

周易哲學演講錄

周易 ……………………………………………………………… 1

第一講　《易傳》——儒家的玄思 ……………………………… 3

第二講　幾——採取最開始最具體最動態的觀點看事件 …… 13

第三講　乾坤代表兩個基本原則：創生原則與終成原則 …… 19

第四講　乾元之道（〈乾·彖傳〉） ……………………… 25

第五講　〈乾·彖〉的義理：儒家的道德形上學 ……………… 35

第六講　先天而天弗違，後天而奉天時（〈乾卦〉卦辭、
　　　　爻辭、〈象傳〉、〈文言〉） ……………………… 41

第七講　道德實踐是法坤（〈坤·象傳〉） ……………… 47

第八講　厚德載物，直方大（〈坤卦〉爻辭、〈象傳〉、
　　　　〈文言〉） ……………………………………… 55

第九講　〈咸·彖傳〉、〈恆·彖傳〉、〈賁·彖傳〉 …… 63

第十講　在天成象，在地成形（〈繫辭·上傳〉第一章） … 67

第十一講　乾以易知，坤以簡能（〈繫辭·上傳〉第一章） … 75

第十二講　儒家的智慧：超越而內在（〈繫辭·上傳〉
　　　　　第四章） ………………………………………… 81

第十三講　一陰一陽之謂道（〈繫辭·上傳〉第五章） … 93

第十四講　繼之者善也，成之者性也（〈繫辭·上傳〉第五
　　　　　章） ……………………………………………… 99

第十五講　然與所以然之三層解釋 …………………………… 107

第十六講　成道：顯諸仁，藏諸用（〈繫辭‧上傳〉第五章）
　　　　　…………………………………………………… 115

第十七講　中國式的自然哲學及西方 idealism 的三個系統… 123

第十八講　「神」的兩種意義　…………………………… 129

第十九講　圓而神，方以知（〈繫辭‧上傳〉第十一章）… 143

第二十講　知幾與盡神（〈繫辭‧上傳〉第十二章）…… 147

第二十一講　和順於道德而理於義，窮理盡性以至於命
　　　　　（〈說卦傳〉）………………………………… 155

繫辭傳………………………………………………………… 159

第一講　乾知及良知三義（〈繫辭‧上傳〉第一章）…… 161

第二講　易簡原則：乾以易知，坤以簡能　……………… 169

第三講　道德與知識，自律與他律，易簡與支離　……… 173

第四講　三極之道（〈繫辭‧上傳〉第二章）　………… 177

第五講　幽明終始生死鬼神（〈繫辭‧上傳〉第三、四章）… 181

第六講　即用見體（〈繫辭‧上傳〉第五章）　………… 193

第七講　誠神寂感（〈繫辭‧上傳〉第九章、十章）　… 197

第八講　成象效法（〈繫辭‧上傳〉第十一章）　……… 203

第九講　儒家的基本精神：承體起用（〈繫辭‧上傳〉第十
　　　　一章）………………………………………………… 209

牟宗三先生全集㉜
五十自述

牟宗三先生學思年譜

《牟宗三先生學思年譜》全集本編校說明 ………………… (1)

前序㈠ ……………………………………………… (3)

前序㈡ ……………………………………………… (5)

甲　學行紀要 …………………………………………… 1

　卷一　出生之年至四十歲（1909～48） ………… 2

　卷二　四十一歲至六十歲（1949～68） ………… 17

　卷三　六十一歲至七十歲（1969～78） ………… 36

　卷四　七十一歲至七十六歲（1979～84） ……… 51

　卷五　七十七歲至八十二歲（1985～90） ……… 64

　卷六　八十三歲至八十七歲（1991～95） ……… 81

乙　學思歷程 …………………………………………… 97

　第一階段　直覺的解悟 ……………………………… 100

　第二階段　架構的思辨 ……………………………… 107

　第三階段　客觀的悲情與具體的解悟 …………… 122

　第四階段　舊學商量加邃密 ……………………… 139

　第五階段　新知培養轉深沉 ……………………… 154

　第六階段　學思的圓成──七十以後的學思與著作 …… 173

丙　著作出版年次表 ………………………………… 221

附錄

國史擬傳

《國史擬傳》全集本編校說明 ……………………………………… (1)

一、家世與簡歷………………………………………………………… 1

二、北大求學、化腐朽爲神奇………………………………………… 2

三、從美感直覺到架構思辯（扭轉羅素、提升康德）……………… 3

四、回向生命、契入儒聖之學………………………………………… 5

五、新外王與外王三書………………………………………………… 7

六、表述儒釋道（從魏晉到宋明）…………………………………… 9

七、一心開二門：兩層存有論（漢譯三批判）…………………… 11

八、圓善論：哲學系統之究極完成 ………………………………… 20

九、一生著作、古今無兩 …………………………………………… 20

牟宗三先生著作編年目錄